A ÚLTIMA
HORA

AMIR TSARFATI

A ÚLTIMA HORA

A ANÁLISE DE UM ISRAELITA SOBRE O FIM DOS TEMPOS

São Paulo, 2022

A última hora – A análise de um israelita sobre o fim dos tempos
The last hour – An Israeli insider looks at the end times
Copyright © 2018 by Amir Tsarfati
Copyright © 2022 by Editora Ágape Ltda.

EDITOR: Luiz Vasconcelos
COORDENAÇÃO EDITORIAL: Stéfano Stella
TRADUÇÃO: Deborah Stafussi
PREPARAÇÃO: Mauro Nogueira
REVISÃO: Marco Galhardi / Rafael Costa
CAPA: Marcela Lois
DIAGRAMAÇÃO: Manoela Dourado

Texto de acordo com as normas do Novo Acordo Ortográfico da Língua Portuguesa (1990), em vigor desde 1º de janeiro de 2009.

Dados Internacionais de Catalogação na Publicação (CIP)
Angélica Ilacqua CRB-8/7057

Tsarfati, Amir
 A última hora: a análise de um israelita sobre o fim dos tempos /
Amir Tsarfati; tradução de Deborah Stafussi.
Barueri, SP: Editora Ágape, 2022.

224p.

Título original: The last hour: An Israeli insider looks at the end times

1. Bíblia - Profecias 2. Fim do mundo 3. Escatologia

I. Título II. Stafussi, Deborah

22-1217   CDD- 236.9

Índice para catálogo sistemático:
1. Bíblia - Profecias

EDITORA ÁGAPE LTDA.
Alameda Araguaia, 2190 – Bloco A – 11º andar – Conjunto 1112
CEP 06455-000 – Alphaville Industrial, Barueri – SP – Brasil
Tel.: (11) 3699-7107
www.editoraagape.com.br | atendimento@agape.com.br

Para Miriam, meu amor
"A mulher virtuosa é a coroa do seu marido."
Provérbios 12:4 (ARA)

Agradecimentos

Em primeiro, e acima de tudo, quero agradecer ao Senhor, pois Ele tem me conduzido desde que eu era uma criança sem família, vivendo longe Dele, até onde estou hoje. Ele me mostrou Seu perfeito amor quando enviou Seu único Filho para morrer em meu lugar para pagar por tudo o que fiz. Esse é um amor maravilhoso!

Eu quero agradecer à minha esposa, Miriam, e aos meus quatro filhos, que pagam o preço diário por eu passar tanto tempo fora. Eles se sacrificaram muito, e mesmo assim, nunca reclamaram e só demonstraram apoio e admiração.

Quero agradecer à minha equipe na Behold Israel por seu amor, apoio e dedicação. H. T. e Tara, Gale e Florene, Donalee e Jeff, Andy e Gail, Trisha e Marc, Wayne e Cyndie, Joanne, Hilary, Nachshon – vocês e tantos outros trabalharam incansavelmente nos bastidores e fora das câmeras para permitir que eu leve a verdade do Senhor para os quatro cantos da Terra.

Meu agradecimento a Kim Bangs, Esmé Bieberly e à equipe na Chosen Books.

Finalmente, obrigado ao Steve Yohn, por sua amizade durante todo o processo de escrita deste livro.

Recomendações

"Amir Tsarfati elaborou uma mensagem oportuna e muito necessária para a Igreja Global. Seu convite a reconsiderar a profecia bíblica é atrativo, fundamentado na Palavra e completamente fascinante. Tsarfati nos conduz em um passeio que ao final nos deixa admirando a beleza do plano de Deus. Você não ficará decepcionado!"

*Jason Elam, antigo kicker da NFL; embaixador
especial para a tradução da Bíblia na
The Seed Company*

"Amir Tsarfati é um amigo que me proporcionou uma visão incrível sobre o cumprimento da profecia bíblica em nossos dias. Ele ama a Palavra de Deus, o Filho de Deus e o povo de Deus – e a terra que não cansa de chamar a atenção do mundo. Este livro oportuno é uma leitura obrigatória muito bem escrita, emocionante, que faz pensar, desafiadora e encorajadora para qualquer um que busca paz e esperança no fim dos tempos. Meu espírito testifica que Amir escreveu a verdade. Leia-o."

*Anne Graham Lotz, autora de
A oração de Daniel*

"*A última hora*, de Amir Tsarfati, é um tocar de trombetas brilhante e apaixonado para compreender e abraçar a exatidão das Escrituras. Amir é um estudioso talentoso que tem dedicado a maior parte de sua vida a uma jornada através da Antiguidade até os tempos atuais e futuros, por intermédio das lentes da inerrante Palavra de Deus."

Kathy Ireland, estudante da Bíblia; esposa; mãe; diretora e CEO da Kathy Ireland Worldwide

"Eu já trabalhei muito com Amir Tsarfati em meu ministério de rádio e conferências. Ele é uma voz jovem clamando no deserto, despertando muitas pessoas – incluindo os *millenials* – para a importância de um terço da Bíblia que é excluído de muitos púlpitos e seminários. Sou profundamente grato a Amir por ele estar reacendendo uma paixão pelo entendimento do fim dos tempos que não é vista desde os anos 1970. Preste atenção às suas palavras neste livro. Elas estão desenhadas em um estilo de escrita de fácil compreensão, e com certeza serão faíscas para aqueles que estão buscando e atentos por um grito e uma trombeta.
Jan Markell, fundadora/diretora da Oliver Tree Ministries

"Amir Tsarfati é um homem que considero um professor criterioso e um bom amigo. Ele tem um entendimento profundo da Bíblia, e seu olhar privilegiado da Terra Santa é sem igual. Recomendo muito os ensinamentos de Amir e seu livro *A última hora* para todos que querem ter um melhor entendimento do que o nosso Senhor tem planejado para o fim dos tempos."

Senador Emmanuel "Manny" Pacquiao,
campeão mundial de boxe;
senador nas Filipinas

"Eis aqui um estudo biblicamente sólido em escatologia bíblica, escrito com paixão e precisão. O leitor pode ter a tranquilidade de que o que está sendo apresentado é idôneo. O que Amir também faz neste livro é dar amostras de ideias públicas de uma perspectiva israelense. Além disso, você encontrará seu testemunho pessoal sobre o quanto a Palavra de Deus significa para ele e como ela tem sido poderosa em sua vida. Eu recomendo este livro com uma avaliação cinco estrelas – escrito por um amigo de longa data, um irmão fiel e alguém que ama Yeshua mais do que qualquer outra pessoa que eu conheço. Você será edificado com esta leitura."

Jack Hibbs, pastor, Calvary Chapel Chino Hills

Sumário

Prefácio 15
1. Olhando para trás antes de olhar adiante 19
2. Deus quer que você conheça os planos Dele 33
3. Compreendendo a profecia: duas em duas 45
4. A longa e sinuosa estrada da profecia 57
5. Israel: ainda o povo escolhido de Deus 75
6. O engano das nações 95
7. Arrebatamento: o grande mistério 115
8. Arrebatamento: o grande ajuntamento 133
9. O Anticristo: o homem da iniquidade 143
10. O Anticristo: estendendo o tapete vermelho 161
11. Dias de Ezequiel 36-37: o que era e o que é 175
12. Dias de Ezequiel 38-39: o que é e o que será 187
13. O que vem a seguir? 199
Notas 213

Prefácio

Conheço Amir Tsarfati há duas décadas. Tive o privilégio de viajar por Israel com ele quando eu estava realizando uma viagem e ele era um dos guias turísticos. Amir também falou na igreja que eu pastoreio em San Diego, Califórnia. Ele é um apoiador articulado e apaixonado de Israel, a terra onde nasceu.

Hoje, a casa de Amir tem uma vista para o Vale de Megido – Armagedom –, o que é uma constante lembrança do chamado que Deus colocou sobre sua vida, de ensinar sobre o Seu plano bíblico para o fim dos tempos. Este livro é parte desse chamado.

Eu já li milhares de livros proféticos ao longo de minha vida ministerial, mas nunca li um como *A última hora*. Este é um livro profético escrito por um cristão-judeu. É possível sentir a paixão do autor em suas palavras. O que ele escreve não é literatura, é sua própria vida. Estou certo de que se você começar uma conversa com Amir, acabará falando sobre o futuro de Israel logo nos primeiros trinta minutos.

Eu li *A última hora* mais de uma vez. Imediatamente fui atraído pelo testemunho pessoal do autor e fiquei intrigado com a forma como a história do plano de Deus para o povo judeu se comparava à forma que Deus trabalhou na própria vida de Amir. A defesa de Amir sobre a singularidade de Israel no plano de Deus para a redenção e seus argumentos contrários à substituição de Israel pela Igreja não deixam brechas para aqueles que acreditam que Deus abandonou Seu povo escolhido.

Este livro é sobre profecia. A história de Israel, tanto a antiga quanto a recente, está no centro da verdade sobre o fim dos tempos. Começando por Gênesis 12, com a aliança abraâmica, somos levados em uma jornada de alegrias e tristezas. Os períodos de obediência de Israel parecem ser subjugados por sua rebelião contra Deus e Seus profetas. Finalmente, Deus envia o tão esperado Messias, e o povo O prega em uma cruz, seguindo com suas vidas.

Massacres e perseguições espalharam o povo judeu pelo mundo inteiro. Amir nos lembra dos terríveis sofrimentos do povo e sugere diversos motivos pelos quais, até mesmo hoje, essa continua a ser a experiência deles. Mas o autor não nos deixa esquecer a promessa divina de restauração, e já que você está lendo este livro, está vivo para testemunhar o cumprimento dessa promessa. A nação de Israel voltou para o seu território.

Em um poderoso discurso na Assembleia Geral das Nações Unidas no dia 1º de outubro de 2015, o primeiro-ministro de Israel, Benjamin Netanyahu, descreveu a milagrosa preservação do povo judeu:

> Em todas as gerações houve aqueles que se levantaram para destruir o nosso povo. Na Antiguidade, enfrentamos destruição dos antigos impérios babilônico e romano. Na Idade Média, enfrentamos a inquisição e a expulsão. Nos tempos modernos, enfrentamos massacres e o Holocausto. Ainda assim, o povo judeu perseverou. E agora outro regime se levantou, jurando destruir Israel. Esse regime seria sábio em considerar isso: eu estou aqui hoje representando Israel, um país jovem de 67 anos, mas a nação-estado de um povo de quase quatro mil anos. E os impérios da Babilônia e de Roma não estão representados nesta lista de nações. Nem a Alemanha nazista. Aqueles impérios aparentemente

invencíveis já se foram há muito tempo. Mas Israel vive. O povo de Israel vive.[1]

Israel já foi descrita como "o relógio de Deus", "o barômetro de Deus", "o relógio profético de Deus", "o estopim para o conflito do fim do mundo", "o critério para a política mundial" e "a evidência de que Deus é o Deus da história". Em 1948, com o estabelecimento de Israel como nação, iniciou-se o *tic tac* do relógio profético.

Nos capítulos finais de *A última hora*, o autor chama nossa atenção para os capítulos 36 a 39 da profecia de Ezequiel. Ler essas palavras antigas com o pano de fundo do que tem acontecido atualmente em Israel me dá arrepios. O que Deus prometeu para o Seu povo Ele está cumprindo, e você e eu somos privilegiados por estarmos vivos para testemunhar.

Quando terminei de ler este livro, pensei nas pessoas para quem eu gostaria de enviá-lo. Alguns são cristãos que estão muito confusos sobre o futuro e parecem ter perdido todo o interesse pela leitura, pelas conversas e pelo estudo das profecias. Este livro foi escrito de forma cuidadosa, e ele torna compreensível aquilo que poderia ser confuso. Também é um livro evangelístico, e eu acredito que Deus irá usá-lo para abrir corações para o evangelho. Finalmente, para os seguidores de Cristo, *A última hora* é um chamado à ação. O tempo está em contagem regressiva para o mundo como conhecemos hoje! O relógio profético está se aproximando do zero.

> E digo isto a vós outros que conheceis o tempo: já é hora de vos despertardes do sono; porque a nossa salvação está, agora, mais perto do que quando no princípio cremos. Vai alta a noite, e vem chegando o dia. Deixemos,

---

1 "Full Transcript of Netanyahu's Address to UN General Assembly" [Transcrição completa do discurso de Netanyahu para a Assembleia Geral da ONU], Haaretz, 2 de outubro de 2015.
Disponível em: http://www.haaretz.com/israel-news/1.678524. (Em inglês).

pois, as obras das trevas e revistamo-nos das armas da luz. Andemos dignamente, como em pleno dia, não em orgias e bebedices, não em impudicícias e dissoluções, não em contendas e ciúmes; mas revesti-vos do Senhor Jesus Cristo e nada disponhais para a carne no tocante às suas concupiscências.

Romanos 13:11-14

Dr. David Jeremiah, fundador e presidente da Turning Point; pastor sênior da Shadow Mountain Community Church em El Cajon, Califórnia

I
OLHANDO PARA TRÁS ANTES DE OLHAR ADIANTE

Você pode pensar que a história de Israel está em suas informações históricas; eu acredito que sua verdadeira história está em seu futuro. É verdade que minha opinião pode ser um pouco tendenciosa. Quando estou na varanda da minha casa, o Vale de Megido está adiante de mim. A Bíblia o chama de Armagedom – aquele pedaço de terra infame onde vastos exércitos se reunirão antes de marchar para Jerusalém para a grande batalha final. É difícil tirar o fim dos tempos de seu pensamento quando esse vale está encarando você todos os dias, acompanhando sua xícara de café.

No entanto, posso dizer a você, enquanto olho para a beleza abundante e agrícola desse vale, eu não tenho nenhum medo. Claro, os exércitos da batalha culminante entre o bem e o mal estarão frente a frente no meu jardim, mas eu sei que não estarei por perto para vê-los. Eu celebrarei na presença do meu Senhor e Salvador, Jesus, desfrutando das maravilhas de Sua presença e dos arredores celestiais. Como estudei a Bíblia, eu tenho um entendimento sobre o que Deus planejou. Esse entendimento me traz paz.

No final das contas, a paz é um dos objetivos de Deus para nós ao compreendermos as profecias e também é meu objetivo para este livro. É fácil ceder ao medo quando olhamos para as profecias de forma superficial, mas observar as promessas de Deus mais profundamente me traz paz. Quando Jesus estava prestes a deixar seus discípulos para ir à cruz, Ele os encorajou com essas palavras: "Deixo-vos a paz, a minha paz vos dou; não vo-la dou como a dá o mundo. Não se turbe o vosso coração, nem se atemorize" (João 14:27). Será que essa paz era um dom místico que Ele os concedeu? Será que Ele simplesmente soprou Sua paz no ambiente? Não, a fonte dessa paz sobrenatural é vista no versículo anterior: "mas o Consolador, o Espírito Santo, a quem o Pai enviará em meu nome, esse vos ensinará todas as coisas e vos fará lembrar de tudo o que vos tenho dito" (João 14:26). Essa paz perfeita viria da verdade e sabedoria que Jesus já havia passado para os discípulos e das novas revelações que o Espírito Santo lhes daria.

Se você crê em Jesus Cristo, não há razão para temer o que Deus planejou para este mundo. É verdade, algumas coisas muito ruins estão chegando, mas Ele não destinou Seus filhos à ira. Enquanto você ler este livro, ficará claro que Ele tem um plano para você e para o restante da Igreja – um plano de celebração e não julgamento, um plano de alegria e não de tristeza, um plano de paz e não de medo.

Minha posição

Certa vez ouvi um homem dizer que é importante que as pessoas saibam sua posição antes de você dizer para elas. Por esse motivo, acredito que seja necessário que vocês saibam quem eu sou antes de ler aquilo que eu acredito. Deus me conduziu em uma jornada singular que me tornou o homem que sou e que contribuiu para a forma como vejo Sua Palavra.

Assim como Paulo começou sua carta aos filipenses fornecendo suas credenciais – ele era "circuncidado ao oitavo dia, da linhagem de Israel, da tribo de Benjamim, hebreu de hebreus" (Filipenses 3:5) – eu vou lhe dizer que sou um judeu, da tribo de Judá, um israelense dos israelenses. E, assim como fez com Paulo, Deus me resgatou da dependência da lei para a minha salvação e me mostrou Sua maravilhosa graça.

A família do meu pai teve origem há muitas gerações, na região francesa de Champagne. Na verdade, nosso sobrenome de família, *Tsarfati*, quer dizer "francês" na língua hebraica. Na ocasião, meus antepassados se mudaram para Portugal. Então, em 1492, quando o rei Fernando e a rainha Isabel da Espanha mandaram Cristóvão Colombo para navegar pelo oceano azul, eles também emitiram o Decreto de Alhambra, que deu início à expulsão sistemática de judeus da Península Ibérica. Logo depois, o rei Manuel I de Portugal quis imitá-los e, em 1497, todos os judeus em seu país foram expulsos. E foi assim que a família do meu pai foi parar na Tunísia. Depois de muitos anos vivendo no norte da África, eles conseguiram voltar para Israel.

Meus avós maternos eram judeus poloneses. Como todos sabemos, a Polônia não era um bom lugar para os judeus morarem nos anos 1940. Presos e levados para Auschwitz, de alguma forma eles sobreviveram aos horrores daquele campo de concentração. Depois da guerra, assim que surgiu a oportunidade, eles se juntaram a milhares de sobreviventes em um navio com destino a Israel. No entanto, o governo britânico os impediu, e o navio foi forçado a ancorar em Chipre. Foi lá que minha mãe nasceu – uma bebê refugiada, a algumas centenas de quilômetros da Terra Prometida.

Devido a circunstâncias que discutirei mais tarde, acabei sendo colocado para adoção quando ainda era bem jovem e acabei me estabelecendo na casa de um homem que era um membro de alta patente da polícia israelense. Seu filho era dono de uma mercearia, e eu imediatamente comecei a trabalhar em meu primeiro emprego. Eu era grato pelo teto sobre a minha cabeça e pela comida no meu estômago, mas isso era tudo que eles me davam. Não havia amor ali.

Quando completei dezessete anos, comecei a me sentir em uma situação desesperadora. Eu não tinha uma verdadeira família, um futuro verdadeiro, e, para completar, a garota por quem estava apaixonado nem sabia que eu existia. O suicídio era a melhor solução que meu cérebro adolescente conseguia encontrar, então comecei a planejá-lo. Eu tinha a data; tinha o frasco de comprimidos. Mas, quando a noite escolhida chegou, Deus me impediu. Eu simplesmente não consegui fazer. Não foi por medo ou por consciência ou por algum sinal escrito no céu. Ele tinha planos para mim e não deixaria minha depressão na adolescência atrapalhar.

No dia seguinte a esse quase encontro com a morte, eu estava destruído. Quando estava no meu pior estado, o Senhor escolheu se revelar para mim, e Ele fez isso por meio do meu melhor amigo da escola. Enquanto eu estava caminhando com meu amigo, percebi que ele era na verdade um judeu que acreditava em Cristo. (Eu não uso a expressão "judeu-cristão" porque a maioria dos judeus iria considerar isso uma contradição de termos. Ou você é judeu ou você é cristão. Com certeza não pode ser os dois.) Como eu não havia percebido a fé do meu amigo antes? A ideia de um judeu que crê em Cristo era estranha para mim, mas também muito curiosa. Quando ele me convidou para almoçar em sua casa, logo aceitei.

Eu conheci a família dele, e todos foram muito receptivos e amáveis. Eu pensei: *Então é assim que uma família deveria ser*. Todos nós nos sentamos ao redor da mesa para a refeição, mas antes que eu começasse a comer, todos deram as mãos. Então a coisa mais estranha que eu havia visto aconteceu: eles começaram a orar. Bem ali, ao redor da mesa, eles estavam conversando com Deus como se Ele fosse o melhor amigo deles. Eu fiquei abismado. Onde estava o livro de oração? Onde estava o ritual? Onde estava a tradição – o cerimonial?

Esquecendo a comida, comecei a fazer perguntas: "Por que estamos de mãos dadas?" "Como é possível orar de forma espontânea?" "Por que vocês encerram suas orações 'em nome de Jesus'?". Uma senhora muito gentil me chamou e sugeriu: "Por que você mesmo não faz suas perguntas para Deus?".

Eu fiquei desconcertado. *Quem sou eu?* pensei. *Por que Deus me escutaria? Será que o Deus Criador, que governa todas as coisas, não tem algo melhor a fazer do que ouvir as reclamações irritadas de um adolescente suicida de dezessete anos?*

Naquela noite, eu não consegui dormir. Tanta coisa estava passando pela minha cabeça – meu passado, meu futuro, minha família, minha fé. Por fim, acabei cedendo e decidi seguir a sugestão daquela mulher de orar. O problema é que eu não sabia como. *Preciso ficar em pé? Será que eu me ajoelho? Meus olhos devem ficar abertos ou fechados? Eu falo as palavras em voz alta ou só para mim mesmo?* Sem saber o que fazer, peguei um pedaço de papel e um lápis e escrevi: "Deus, se o Senhor existe, então me mostre quem é Jesus". Eu pendurei o papel na parede, ajoelhei diante dele e me esforcei para orar. Eu orei e esperei. Eu esperei e orei. Nenhum milagre. Nada de Jesus. Nada de nada. Depois de um tempo, exausto, fui dormir.

Na manhã seguinte, acordei para me dirigir ao trabalho. Eu trabalhava desde os 12 anos – antes e depois da escola – fazendo o que podia na mercearia da minha família adotiva. Parte do meu trabalho pela manhã era arrumar os diferentes cadernos do jornal para prepará-los para venda. Enquanto estava arrumando tudo, vi, em uma página, em letras destacadas, a palavra *Yeshua*, que é o nome hebraico para Jesus. Rapidamente, fechei o jornal. Pensei que estava alucinando. Aquela mulher havia dito que Deus iria responder minhas orações, mas...

Abri o jornal lentamente, e lá estava novamente aquele maravilhoso nome: *Yeshua*. Eu não sabia se ria ou chorava. Enquanto lia o restante do texto, descobri que nas duas noites seguintes um grupo chamado Campus Crusade for Christ iria exibir um filme sobre Jesus. Eu pensei: *Obrigado, Senhor. Eu não acredito que o Senhor preparou um filme inteiro só para mim.*

Eu nunca vou me esquecer daquela noite. O filme *Jesus* havia sido gravado em Israel, então vi todos os lugares que conhecia, ouvi referências do Antigo Testamento que reconhecia, escutei Jesus falar em um idioma que falava. Esse Jesus que antes parecia tão longe de mim, agora estava inacreditavelmente perto. Eu estava abismado. Ao final do filme, entreguei minha vida a Cristo.

Então, com toda a ousadia de alguém que acabou de crer em Cristo, que não quer nada além de que todos experimentem a mesma mudança maravilhosa, voltei para casa e falei para todos: "Vocês são todos pecadores!". Minha família adotiva me expulsou de casa naquela mesma noite. Depois de dez anos vivendo com eles, minha nova fé estava além do que eles podiam suportar. Lá estava eu, sem casa, sem família, sem emprego, mas, pela primeira vez em minha vida, com esperança.

Vários amigos me hospedaram por períodos curtos de tempo até que chegou o momento de cumprir meu serviço militar obrigatório. Alguns entram para o seu tempo de serviço obrigatório com a faca nos dentes, prontos para lutar. Eles mal conseguem esperar para atirar em alguma coisa. Para mim, só queria que terminasse logo. Apenas o pensamento de que eu poderia compartilhar minha fé me dava alegria.

Eu fui enviado para as forças armadas. A ideia de andar em um tanque apertado não era muito atrativa, então perguntei se havia outra coisa que eu pudesse fazer. Então, por escolha deles, obviamente, fui enviado para um curso de telecomunicações. Logo fiquei responsável pelas telecomunicações de um pelotão, que consistia em doze tanques. Embora houvesse outras 72 coisas que eu preferiria estar fazendo com a minha vida, essa não era a pior forma de cumprir meu serviço obrigatório.

Quando eu estava me estabelecendo nesse trabalho, minha mão ficou paralisada – algo estranho e aterrorizante para um jovem de dezoito anos. Os médicos diagnosticaram um tumor benigno na minha mão, e o removeram. Enquanto eu me recuperava no hospital, recebi um bilhete dizendo que eu havia sido selecionado para participar de um treinamento para comandante. Fiquei chocado. Pouquíssimas pessoas são escolhidas para participar desse processo. Ainda assim, lá estava eu, selecionado para essa oportunidade de prestígio, quando não queria nem estar no serviço militar. Devia haver algum erro.

No entanto, quando um militar diz para você ir, você vai. Logo me vi em uma instalação de treinamento no deserto, pensando que, a qualquer momento, alguém iria perceber que eu não pertencia àquele lugar e me enviaria de volta. Enquanto isso, decidi aproveitar, manter meu testemunho de cristão e aprender tudo o que pudesse. Eles ensinaram sobre armas, navegação, combate, habilidades de comando e inteligência – todas as informações necessárias para ser um forte comandante.

Enquanto eu estava lá, compartilhei o evangelho em todas as oportunidades que tive. Eu sabia que poderia me prejudicar e possivelmente me custar a oportunidade de concluir o treinamento. Mas a mudança em mim havia sido tão dramática e me dado tanta esperança para o futuro que não conseguia guardar para mim. Um dia fui chamado até o escritório do meu superior. Eu sabia que esse seria o momento. Você só é chamado para ver seu superior se estiver com problemas ou se algo muito ruim estiver para acontecer. Eu entrei, nervoso, mas aliviado. Finalmente seria enviado de volta para as forças armadas para terminar meu tempo de serviço; então poderia continuar com o que quer que Deus quisesse dali para frente. Em vez disso, meu superior disse: "Tsarfati, vemos um grande potencial em você. Acho que você pode chegar longe. Apenas pare com seu proselitismo". Eu fiquei tão desapontado, pois havia entrado ali pensando que estava prestes a ser expulso; em vez disso, ele me elogiou.

Eu me formei e recebi minha insígnia de comandante. Em outras palavras, eu fui treinado, mas ainda não tinha uma posição. Isso só viria depois de completar meu treinamento profissional em uma área que seria minha especialidade. Descobri minha especialidade quando fui convocado ao Ministério de Defesa. Eles me disseram que eu havia sido escolhido para ser parte de um novo braço do exército chamado Governo Militar Israelense na Cisjordânia. Fui enviado para a Escola Israelense de Governo, onde aprendi sobre o islã, árabe, a cultura da Cisjordânia, história e mentalidade palestina e como governar a população efetivamente. Após completar o treinamento, finalmente me tornei comandante.

Ao me apresentar ao quartel-general em Ramallah, me perguntaram onde eu gostaria de servir. A maior parte dos comandantes que saíam do treinamento estavam muito entusiasmados. Eles queriam ir para onde veriam mais ação. Eu segui na direção oposta. Estava perfeitamente feliz em não ver *nenhuma* ação. Servir meu turno em um lugar agradável e silencioso, onde eu pudesse estudar minha Bíblia e compartilhar minha fé, parecia uma boa opção para mim. Eu perguntei: "Qual é o único lugar onde ninguém mais quer ir – e onde ninguém faz nada?" Imediatamente, eles disseram: "Jericó". E eu disse: "Pode me inscrever!".

Quando parti para Jericó, estava realmente animado. Eu amo história; eu amo a Bíblia; eu não amava meu serviço militar. Deste modo, Jericó parecia a situação perfeita. Mal sabia eu o que estava prestes a acontecer na política.

Seis meses depois de aceitar essa missão, um novo governador surgiu em Jericó. Ele era um estranho no ninho. Havia pertencido a um grupo militar secreto da inteligência israelense chamado 504. Esse grupo comandava agentes na Síria, Líbano, Jordânia e qualquer outro lugar sobre o qual precisaríamos de alguma informação. Esse homem era um espião e comandava outros espiões, mas agora havia sido promovido da inteligência e se tornado governador. Há um velho ditado que diz: "Você pode tirar o homem da KGB, mas não pode tirar a KGB do homem". O mesmo é verdade para os membros do 504.

Assim que assumiu o cargo, ele começou a buscar alguém em quem pudesse confiar entre seus cinquenta oficiais incompetentes. Ele decidiu que seria eu. Após me fazer passar por alguns testes – que eu nem sabia que estava fazendo –, ele me convocou para o seu gabinete. Enquanto eu estava ali, ele colocou uma pasta sobre sua mesa. "Você tem duas opções, Tsarfati", ele disse. "Você pode continuar a não fazer nada, e acabará não sendo ninguém. Ou pode decidir fazer algo, e acabará sendo alguém. Se você quiser ser alguém, olhe a pasta. Só um alerta – se você ler o que está dentro da pasta, você será o único deste grupo militar que saberá. Na verdade, poucas pessoas no país inteiro sabem sobre isso. Se você vazar a informação que ler, passará muito tempo na prisão. E então, o que vai ser?"

Eu perguntei se poderia orar sobre aquilo. Ele sabia sobre a minha fé e disse que me daria alguns minutos. Eu esperava receber alguns dias, mas aproveitei aquele breve momento e pedi sabedoria ao Senhor. Rapidamente, ficou muito claro para mim que eu deveria dizer sim. Deus havia me colocado naquela situação peculiar por um motivo que Ele entendia, ainda que eu não. Embora minha vida não estivesse seguindo o caminho que eu gostaria, percebi que há momentos em que você simplesmente tem que confiar em Deus e passar pelas portas que Ele abre.

Eu abri aquela pasta ultrassecreta, e dentro dela encontrei um rascunho do capítulo "Jericó e Gaza Primeiro", que se referia a um acordo que depois seria chamado de "Os acordos de Oslo". Ninguém mais havia visto ou nem mesmo sabia algo sobre aquilo. Na verdade, demoraria meses até que o público israelense descobrisse que, pela primeira vez na história, árabes locais se governariam com um "estado a ser" chamado Palestina. O acordo completo foi finalmente assinado na Casa Branca em 13 de setembro de 1993 pelo Ministro das Relações Exteriores de Israel, Shimon Peres, e pelo negociador da Organização para a Libertação da Palestina (OLP) Mahmoud Abbas, com o Primeiro-Ministro Yitzhak Rabin, o líder da OLP Yasser Arafat e o presidente Bill Clinton acompanhando o evento. Israel havia concordado em permitir o estabelecimento da Autoridade Palestina, gradualmente entregando a eles o governo da Cisjordânia e da Faixa de Gaza. Isso pode não parecer grande coisa para quem vive fora de Israel, mas, na verdade, foi um grande momento. Jericó havia sido escolhida para ser a primeira cidade na história do planeta Terra a ser governada por palestinos.

Agora, se você está pensando "Amir, o que você está dizendo? Os palestinos governaram a terra da Palestina durante séculos antes de Israel roubar o território deles", então tenha paciência. Você logo chegará a um capítulo em que discutiremos a história do povo palestino e a nomeação da terra da "Palestina".

Lá estava eu – um judeu que cria em Cristo Jesus, de 21 anos, primeiro tenente no exército israelense que não queria nada além de ficar sem fazer nada – repentinamente sendo colocado em uma posição de fazer algo de proporções históricas com o mundo inteiro observando. Nós temos os nossos planos e Deus tem os planos Dele. Adivinhem quais planos ganham?

Logo, líderes palestinos começaram a visitar nosso quartel-general. O governador me deu a responsabilidade de mostrar tudo para eles. Nenhum dos meus companheiros militares conseguiu descobrir por que foram forçados a limpar tudo, só para que alguns civis palestinos pudessem fazer um *tour*. Eu era o único que sabia que se tratava de uma preparação para entregar todo o complexo para eles.

O plano foi então implementado completamente, e Israel se retirou de Jericó. Eu fui encarregado de construir um novo acampamento ao sul. A transição de autoridade em Jericó prevista no Acordo do Cairo em 1994 foi um dos melhores exemplos de como as coisas poderiam fluir suavemente entre Israel e os palestinos. Infelizmente, foi praticamente o único exemplo.

Durante o período de transição, meu corpo me traiu. Eu trabalhava demais; não comia ou dormia. Quem tinha tempo para gastar com comida e sono? Um dia teríamos um grande encontro entre os ministros da economia palestino e israelense, junto com quatro generais. Eu os recebi, apertei as mãos deles, voltei para meu escritório e desmaiei. Alguém ouviu o barulho e me encontrou inconsciente. As pessoas tentaram me fazer reagir. Eu fui levado por um helicóptero até um hospital. Graças ao trabalho de meus companheiros e à graça de Deus, estou vivo hoje.

Depois de duas semanas me recuperando no hospital, voltei para minha função. No entanto, nesse momento ficou mais claro do que nunca que meu lugar não era no serviço militar. Assim que meu tempo de serviço terminou, eu fui embora. Quando entrei para o serviço militar, não tinha ideia do que Deus queria que eu fizesse com a minha vida. Quando meu serviço terminou, Ele deixou meu caminho muito claro.

Enquanto estava em Jericó, eu era o guia turístico oficial do quartel. Tive a oportunidade de acompanhar figuras militares e políticas pela base e pela cidade. Logo fiquei conhecido entre os israelenses e os palestinos como o cara que você queria para liderar os *tours*. Até hoje eu tenho bons relacionamentos com palestinos que tiveram início durante meu tempo em Jericó. A história, o povo, a Bíblia – tudo isso fez com que eu me apaixonasse pela ideia de liderar pessoas entre as belezas, maravilhas e verdades que são encontradas em meu país.

Assim que deixei o serviço militar, entrei para o programa de guia turístico na Universidade Hebraica. Depois de me formar em 1996, fui para a Alemanha para aprender alemão. Alguns anos depois, fui para a América para estudar teologia. É impossível entender Israel sem entender a Bíblia. Os dois são inseparáveis.

Ao estabelecer minha carreira como guia turístico, comecei a fazer muitas conexões com pessoas dos Estados Unidos e outras nações. Isso levou a oportunidades de falar para igrejas em diferentes países. Em 2001, fui convidado para falar nos Estados Unidos. No dia 9 de setembro, falei em uma igreja sobre a ascensão da ameaça do terrorismo islâmico. Com base no número de fitas vendidas após a mensagem, ficou óbvio que ninguém se importava.

No dia seguinte, dia 10 de setembro, eu visitei a cidade de Nova York pela primeira vez. Enquanto estava no topo do World Trade Center, comecei a pensar sobre o bombardeio de 1993 no estacionamento, que matou seis e feriu milhares. Eu perguntei para o pastor que estava comigo: "O que acontecerá se algo atingir estes prédios? Se os prédios desabarem, levarão vários outros prédios com eles". O pastor me disse que os prédios haviam sido projetados para desabar como um castelo de cartas e, como soubemos no dia seguinte, foi exatamente o que aconteceu.

O dia 11 de setembro foi terrível para a América e para o mundo. Pela minha conexão com os militares israelenses, soube muito mais sobre aquele dia do que muitos americanos. Eu fui informado sobre planos que haviam sido frustrados para a costa oeste. Aviões que estavam prestes a decolar foram impedidos por ordens sem precedentes do governo para interromper o tráfego aéreo. Esses terroristas da Costa Oeste, que não haviam considerado os diferentes fusos horários, se viram sem opções de voo. Eu ouvi informações sobre carros que foram parados carregando armas biológicas, e também sobre os planos para o Air Force One (Força Aérea Um) usando uma aeronave Learjet alugado. Aquele dia foi terrível – e poderia ter sido muito pior. Sem surpresas, quando compartilhei no dia 12 de setembro a mesma mensagem do dia 9 de setembro, a resposta foi muito diferente. As pessoas estavam amontoadas até o estacionamento.

Meu propósito

Toda essa história pessoal, todas essas experiências, toda essa paixão por comunicar a verdade de Deus, culminaram em um desejo de despertar a Igreja, alertar os não cristãos e falar sobre a bendita esperança que os cristãos têm. Esse é o gênesis do meu ministério *Behold Israel* (Contemple Israel). Esse é o meu coração e o meu propósito.

Nestas páginas, você encontrará a verdade bíblica de Deus. Você não encontrará a verdade do Amir ou a verdade de alguma denominação ou cultura. Embora eu seja judeu e minha etnia afete a maneira como vejo as Escrituras, a grande maioria dos meus amigos judeus iria discordar 100% do que está escrito nestas páginas. Minha herança judaica é como um tempero num filé: não muda a natureza da carne, apenas lhe dá mais sabor.

O conteúdo deste livro vem de anos de estudo das Escrituras, vivendo na terra do povo escolhido de Deus, e ensinando sobre a profecia bíblica para centenas de milhares de pessoas por quase duas décadas. Deus quer que conheçamos os Seus planos. Ele os deixou muito claros. Dr. Ed Hindson, da Universidade Liberty, escreveu: "A profecia bíblica não está escrita para nos assustar. Ela está escrita para nos preparar. A Palavra de Deus revela esses eventos futuros para nos garantir que Ele está no controle mesmo quando o mundo parece estar fora de controle".[1] À medida que você se prepara por meio do estudo da Palavra de Deus em antecipação à volta de Cristo para nos levar com Ele para casa, logo descobrirá a alegria e a maravilhosa paz que vêm quando confiamos completamente em um Deus que nos ama e que realizará Sua perfeita vontade tanto na sua vida quanto neste mundo.

2

DEUS QUER QUE VOCÊ CONHEÇA OS PLANOS DELE

"A Bíblia é tão complicada que ninguém a entende." "Há tantas formas de interpretar a Bíblia, como alguém pode dizer que detém a verdade?" Quantas vezes você já ouviu alguma dessas críticas? É como se a Bíblia fosse uma floresta profunda, escura, quase impenetrável, repleta de alegorias confusas, moralidade espinhosa e história torcida. Poucas pessoas que entram nela são vistas novamente. A única forma que qualquer um se atreveria a desbravá-la seria com um guia turístico que alega conhecer o caminho, sendo que na maioria das vezes esses guias autointitulados parecem estar seguindo caminhos diferentes por essa mesma floresta. Eles não podem estar todos certos, não é?

Se a Bíblia é verdadeiramente a Palavra de Deus para a humanidade, então muitos acham que Ele poderia ter falado de forma mais clara. Essa confusão é mais claramente evidenciada no reino da profecia. Passe uma tarde com as estátuas de Daniel e as rodas de Ezequiel e os selos de João: não é à toa que algumas pessoas dão de ombros e saem andando.

Será que a aparente confusão da Bíblia em geral – e da profecia em particular – pode ser esclarecida? Será que Deus está realmente comunicando uma mensagem clara, e será que essa mensagem clara pode ser compreendida por nós?

Um Deus que deseja ser conhecido

Existem certas coisas na vida que são incompreensíveis: para onde vão as meias que desaparecem na secadora, por que as mulheres vão ao banheiro em grupos e o que o inventor do Vegemite[2] estava pensando. No entanto, nosso Deus grande, transcendente, não está nessa lista.

> Porquanto o que de Deus se pode conhecer é manifesto entre eles, porque Deus lhes manifestou. Porque os atributos invisíveis de Deus, assim o seu eterno poder, como também a sua própria divindade, claramente se reconhecem, desde o princípio do mundo, sendo percebidos por meio das coisas que foram criadas. Tais homens são, por isso, indesculpáveis.
> Romanos 1:19-20

Ele também colocou em nós o Seu caráter:

> Quando, pois, os gentios, que não têm lei, procedem, por natureza, de conformidade com a lei, não tendo lei, servem eles de lei para si mesmos. Estes mostram a norma da lei gravada no seu coração, testemunhando-lhes também a consciência e os seus pensamentos, mutuamente acusando-se ou defendendo-se.
> Romanos 2:14-15

---

2 O Vegemite é uma espécie de pasta australiana de cor escura feita a partir do extrato da levedura, comumente consumida com pão ou torradas. (N.T.)

Entretanto, tanto a natureza quanto a consciência podem ser subjetivas. Se não fosse assim, todos os que viram o majestoso Monte Hermon, localizado na fronteira entre o Líbano e a Síria, diriam: "Uau! Deus não é maravilhoso?". Da mesma forma, haveria pouco para nossos legisladores discutirem, porque todos veriam a moralidade e o que é certo ou errado da mesma maneira.

Para garantir que tenhamos verdadeiramente uma concepção adequada sobre quem Deus é, Ele nos deu um livro – o complemento objetivo (a lógica, os fatos) para a subjetividade (sentimento pessoal, a experiência) da natureza e da consciência. Nesse livro, encontramos Sua biografia e Seu plano para o futuro. Se Deus fosse incompreensível, então por que Ele permitiria ser tão fácil conhecê-Lo?

É claro, nós nunca conheceremos tudo que há para ser conhecido sobre o nosso Deus grandioso. Se isso fosse possível, Ele seria um Deus pequeno, finito – nem um pouco grande. Em vez disso, Ele nos revelou o suficiente para despertar nosso entusiasmo, nosso questionamento, nossa imaginação, nossa curiosidade. Ele também nos deu o suficiente para garantir a nossa paz. Uma riqueza de conhecimento e sabedoria está contida nesse "suficiente", pronto para ser descoberto. Em Isaías, Deus diz:

> Porque assim diz o Senhor, que criou os céus, o Deus que formou a terra, que a fez e a estabeleceu; que não a criou para ser um caos, mas para ser habitada: Eu sou o Senhor, e não há outro. Não falei em segredo, nem em lugar algum de trevas da terra; não disse à descendência de Jacó: Buscai-me em vão; eu, o Senhor, falo a verdade e proclamo o que é direito.
>
> Isaías 45:18-19

Deus quer ser encontrado. Deus quer ser conhecido. E a principal forma pela qual Ele se revelou está na Bíblia.

Lendo uma Bíblia compreensível

A chave para entender a Bíblia no mundo atual é lê-la em uma linguagem compreensiva, e normalmente a linguagem que as pessoas mais entendem é a que elas falam. Faria pouco sentido para um falante de inglês tentar desvendar a Bíblia em espanhol ou norueguês. Da mesma forma, faria pouco sentido para um falante contemporâneo de português entender a Bíblia escrita em um português arcaico.

Eu sei que estou pisando em algumas tradições aqui, mas, por favor, me ouça. O fato de que a tradução da Bíblia tenha sido escrita há 500 anos não a torna inerentemente melhor, apenas mais antiga. Certa vez ouvi a história de um homem que disse ao seu pastor que ele preferia ler a Bíblia na Versão King James – da maneira como Paulo havia escrito! Não há nada mais sagrado do que ler a Bíblia em palavras que são difíceis de entender. Deus não fica ofendido quando Suas palavras são traduzidas com um *você* em vez de um *tu*. Há muitas versões excelentes em português[3] publicadas atualmente que remontam ao texto original em hebraico e grego em suas traduções. Não há motivo para alguém ter que interpretar as palavras da Bíblia antes de interpretar seu significado. Dito isso, se você ama a Bíblia King James, e é a versão com a qual você está acostumado, então isso é ótimo, também. Meu encorajamento é simplesmente que você encontre uma Bíblia que se encaixe numa forma em que você aprenda e esteja traduzida de uma maneira que o mantenha envolvido e entusiasmado ao estudá-la.

No entanto, ler a Bíblia em uma linguagem que você consegue entender não significa automaticamente que ela será compreensível. Mesmo quando as palavras são claras e simples, ainda existem passagens que provocam o nosso "Quê?" e não há outro lugar em que isso seja mais verdadeiro do que nas passagens proféticas.

---

3 No texto original, o autor cita versões em inglês que ele recomenda: New King James Version (NKJV), English Standard Version (ESV), Christian Standard Bible (CSB) e New American Standard Bible (NASB). (N.T.)

Algumas delas são tão bizarras que obrigam o leitor a imaginar se realmente há uma forma correta ou incorreta de decifrá-las.

A verdade da Verdade Absoluta

O mundo de hoje já declarou que a Verdade está morta. Claro, as pessoas valorizam a verdade. Elas concordam que é melhor dizer a verdade do que mentir (a não ser que a mentira beneficie o ouvinte, ou quem fala, ou uma terceira parte, ou a comunidade, ou a defesa legal ou a reeleição). Mas a Verdade com "V" maiúsculo encontrou sua morte no mesmo período em que as pessoas começaram a declarar que Deus está morto.

Agora vivemos em um mundo de "o que é verdade para você pode não ser verdade para mim" e "a verdade é o que te faz feliz". Como todas as outras grandes mentiras de Satanás, esse engano encontrou seu espaço na Igreja. Você realmente pode dizer que há apenas uma forma de interpretar a Bíblia? Você realmente consegue ser tão arrogante?

Em uma palavra: "sim".

Deus tomou uma decisão de enviar Sua mensagem para o mundo. Essa mensagem seria Sua comunicação tangível, objetiva com Sua criação, repleta de tudo o que Ele queria que o mundo soubesse sobre Ele, sobre criação e salvação, sobre eles mesmos e sobre seu futuro. Você consegue imaginar Deus escolhendo 40 diferentes autores de três diferentes continentes escrevendo em três línguas diferentes durante um período de 1.500 anos simplesmente para comunicar uma mensagem de abstrações e generalidades nas quais as pessoas pudessem ler suas próprias verdades? Como isso poderia ser bom? Sendo assim, Deus poderia muito bem ter nos dado um pedaço de papiro com as palavras "sejam bons" escritas nele porque essa é a única "Verdade" universalmente aceita contida nas páginas de Sua Palavra (embora eu tenha certeza de que mesmo assim se levantaria uma facção de antibondades que dividiria a Igreja Universal da Bondade).

Em Sua oração sacerdotal, Jesus pediu ao Pai "Santifica-os na verdade; a tua palavra é a verdade" (João 17:17). Antes, Ele havia dito sobre Si mesmo "Eu sou o caminho, e a verdade, e a vida; ninguém vem ao Pai senão por mim" (João 14:6). Jesus não disse que Ele é *uma* verdade. Ele é *a* verdade. Por causa disso, Sua comunicação conosco é Verdade. Então, se eu decifrar a mensagem da Escritura de uma forma e você o fizer de outra, então ou eu estou errado e você está certo, ou você está errado e eu estou certo – ou nós dois estamos errados. No entanto, não podemos ambos estar certos; essa é a única opção impossível.

Certamente existem diferentes métodos de interpretação para passagens diferentes – literal, alegórica, poética etc. Há também aplicações variáveis que podem ser extraídas dessas interpretações com base na cultura, situação de vida, época e outros fatores. O escritor de Hebreus nos diz que "a palavra de Deus é viva, e eficaz, e mais cortante do que qualquer espada de dois gumes, e penetra até ao ponto de dividir alma e espírito, juntas e medulas, e é apta para discernir os pensamentos e propósitos do coração" (Hebreus 4:12). Ela fala diretamente para a situação de vida do leitor hoje, assim como falou diretamente para as situações de vida muito diferentes do leitor que leu o manuscrito original há dois mil anos. A única coisa que não pode variar é a Verdade essencial e fundamental da mensagem que Deus procurou nos comunicar.

Nosso Deus é Verdade. Então, toda Verdade começa com Ele e é baseada Nele. Ele nos deu a Bíblia para que pudéssemos conhecer a Verdade – pelo menos o tanto que Ele decidiu compartilhar conosco. Podemos conhecer a Verdade sobre a criação de todas as coisas. Podemos conhecer a Verdade sobre o pecado e Sua provisão sacrificial para a nossa salvação. Podemos conhecer a Verdade sobre o sentido da vida e nosso propósito neste planeta. E, sim, podemos conhecer a Verdade profética sobre os planos de Deus para o futuro deste mundo.

A profecia é bíblica

A Bíblia, cada página dela, é a Palavra escrita de Deus para Sua criação. Tudo nela é importante. Paulo escreve para o seu protegido, Timóteo: "Toda a Escritura é inspirada por Deus e útil para o ensino, para a repreensão, para a correção, para a educação na justiça, a fim de que o homem de Deus seja perfeito e perfeitamente habilitado para toda boa obra" (2 Timóteo 3:16-17). Essa primeira palavra *toda* é muito importante. Deus não olhou para seu *layout* da Bíblia e pensou "Eu preciso caprichar um pouco mais na contagem de palavras" e então colocou genealogias, profecia e Cântico dos Cânticos. Toda a Escritura tem propósito e foi intencionalmente incluída por Deus.

Contudo, a única parte das Escrituras que os cristãos tendem a evitar é a profecia. Existem aqueles que têm medo dela; a profecia parece um pouco assustadora com suas doses de mal, de Satanás e de Anticristo misturadas, tornando-a um conteúdo que parece mais adequado para os fãs do Stephen King do que da Palavra de Deus. Há outros que consideram tudo demasiadamente estranho. Gafanhotos, dragões e anjos – meu Deus! Ainda existem outros que pensam que a profecia é, intencionalmente ou não, vaga demais para apostar no que ela diz sobre o futuro. Como alguém poderia interpretar os trechos mais "ousados" da profecia bíblica com alguma certeza? Não é melhor focar nos trechos mais "aplicáveis" da Bíblia?

É verdade que falar sobre o fim dos tempos pode despertar o lado mais "louco" do cristianismo. Após uma apresentação que fiz, um cavalheiro aparentemente comum se aproximou e disse que gostaria de conversar comigo. Nós nos sentamos e começamos a conversar sobre o plano de Deus para o futuro. Nossa discussão estava indo bem até que ele se inclinou e, sussurrando, revelou para mim que ele era um dos dois profetas mencionados no capítulo 11 de Apocalipse. Eu olhei para meu relógio, pedi licença educadamente e fui rapidamente para o meu quarto.

Embora possa haver muitas razões para evitar o estudo da profecia, uma importante razão deveria nos fazer lhe dar o valor merecido: Deus quer que conheçamos Seus planos para o futuro. A não ser que estejamos prontos para descartar mais de um quarto da Bíblia como algo que serve apenas para criar volume, temos a obrigação e a alegria de descobrir o que Deus planejou para o fim dos tempos.

Em Isaías 46:9-10, Deus diz:

> Que eu sou Deus, e não há outro, eu sou Deus, e não há outro semelhante a mim; que desde o princípio anuncio o que há de acontecer e desde a antiguidade, as coisas que ainda não sucederam; que digo: o meu conselho permanecerá de pé, farei toda a minha vontade.

Deus traçou um plano perfeito para este mundo, e em vez de guardar esse plano para Ele mesmo, Ele o compartilhou conosco. Só Ele tem a sabedoria de criar esse plano perfeito. Só Ele tem o poder de realizá-lo. E só Ele tem o conhecimento necessário para narrá-lo para nós de uma forma que, acredite ou não, nós realmente possamos entender.

O conhecimento traz paz

Por que Deus quer que conheçamos os detalhes dos planos Dele para o futuro? A resposta simples é: paz. Alguns podem perguntar: "Não é o suficiente apenas saber que Deus vence no final?". Bem, sim e não. Sim, o simples conhecimento de que Deus será vitorioso nessa batalha entre o bem e o mal nos dá a paz de que nossa eternidade está guardada. Nessa paz, desenvolvemos um senso de prontidão para que estejamos espiritualmente preparados para o que quer que venha a acontecer neste mundo ao nosso redor. Ainda assim, apenas esse conhecimento não é o suficiente. Se Deus escolhesse deixar vagas ou ausentes as explicações sobre essa vitória final, seria difícil sentir essa paz perfeita que Jesus nos prometeu: "Deixo-vos a paz, a minha paz vos dou; não vo-la dou como a dá o mundo. Não se turbe o vosso coração, nem se atemorize" (João 14:27).

A paz vem por meio da fé. Eu tenho fé que Deus me ama e cuidará de mim. E sinceramente acredito que, como o Criador de todas as coisas, Ele é soberano sobre Sua criação e pode fazer o que quiser com ela – mesmo com aquelas forças e pessoas que podem estar trabalhando contra Ele. Eu me agarro com paixão ao fato de que, por meio da fé na morte e ressurreição de Jesus, minha eternidade está firme com Deus. Essas crenças acalmam o meu coração quando penso sobre o futuro.

Mas a paz também vem por meio do conhecimento. Imagine receber um diagnóstico de câncer. Eu sei que para muitos não é necessário imaginar. Agora, imagine um oncologista dizendo a você: "Eu já cuidei de tudo. Você não precisa saber os detalhes do processo. Apenas saiba que ficará bem". Quantos de vocês responderiam "Obrigado, doutor" e sairiam do consultório? Muito poucos. A maioria se recusaria a sair do consultório do oncologista até que o plano de combate à doença fosse explicado de maneira clara e cada pergunta fosse respondida. Somente quando tudo estivesse claro sobre o processo do tratamento é que poderíamos começar a respirar com alívio, sabendo que o médico realmente tinha a situação sob controle.

Na noite anterior à crucificação de Jesus, Ele explicou aos discípulos que Ele iria morrer, mas deixou claro que Sua morte não era o fim da história. Ele iria embora, mas Ele voltaria. E enquanto Ele estivesse fora, os discípulos não ficariam sozinhos; eles teriam o Pai olhando por eles e provendo suas necessidades.

Jesus sabia que eles precisariam de mais do que "Confiem em mim, isso tudo vai dar certo". Ao invés disso, Ele disse: "Estas coisas vos tenho dito para que tenhais paz em mim" (João 16:33). Deus nos dá a profecia para que tenhamos a paz perfeita.

A confusão traz fraqueza

Paulo nos diz que: "Deus não é de confusão, e sim de paz" (1 Coríntios 14:33). E é exatamente por isso que Satanás está tão determinado a nos manter ignorantes sobre as coisas do porvir. O desejo dele é que fiquemos confusos, preocupados e com medo. Com o conhecimento vem a paz, e com a paz vem o poder de servir a Deus e segui-lo sem importar o custo, sabendo que Ele nos tem guardados em Suas mãos por toda a eternidade.

Por outro lado, a confusão é um solo fértil para a fraqueza. Essa debilidade espiritual é baseada no medo do desconhecido: O que acontecerá amanhã, no ano que vem ou quando eu morrer? Hebreus 2:15 compara "o medo da morte" a uma "sujeição à escravidão por toda a vida". Tudo o que você precisa fazer é olhar para a nossa cultura para perceber o quanto isso é verdade.

Vivemos em um mundo obcecado por nunca envelhecer. Cremes para a pele, injeções de botox e cirurgiões plásticos prometem retirar anos de sua aparência. A indústria médica e a indústria de estética vão encher você com dietas, vitaminas e suplementos, todos criados para garantir que você se afaste da morte o máximo possível. É claro, não há nada de errado em fazer tudo o que puder para cuidar da saúde e prolongar a vida; nosso "corpo é santuário do Espírito Santo, que está em [nós]" (1 Coríntios 6:19), e devemos tratá-lo com cuidado e respeito. No entanto, se formos motivados a cuidar do nosso corpo por medo, então logo pode se tornar uma prejudicial fixação física e emocional.

Quando estamos com medo, entramos em "modo de proteção". Nossos olhos se voltam para dentro. Nossa natureza egocêntrica inerente entra em extrema atividade. A autopreservação se torna a única preocupação, um modo diametricamente oposto à forma como fomos chamados para viver. Temos tanto medo de nos ferirmos que ficamos paranoicos sobre ofender as outras pessoas, desafiar outras pessoas ou nos arriscarmos. Somos como tartarugas que se esconderam em seus cascos, nos tornando iguais (mas um pouco mais frágeis) do que pedras. Quando permitimos que a autopreservação guie nossas ações, que bem fazemos?

Deus nos chamou para algo mais; Ele nos prometeu algo mais.

Jesus nos diz que "o ladrão vem somente para roubar, matar e destruir; eu vim para que tenham vida e a tenham em abundância" (João 10:10). O desejo de Satanás é nos confundir e, assim, roubar a nossa paz, esperança, alegria e utilidade. A vinda de Jesus fornece a antítese para essa ladainha de perda. A palavra *abundância* significa super, mega, gigante, enorme. Uma vida abundante é uma vida de paixão e propósito, serviço e sacrifício, esperança e felicidade.

Essa vida abundante tem sua origem na obra de Jesus Cristo na cruz. É aprofundada e enriquecida conforme aprendemos mais sobre quem Deus é, o que Ele fez por nós e o que Ele planejou para o futuro.

Nós realmente queremos saber

Há um desejo inerente a cada um de nós em saber o que o futuro nos reserva. Certa vez, enquanto estava caminhando pela Oitava Avenida, em Manhattan, passei por catorze videntes, astrólogos, leitores de mão, leitores de tarô e uma multidão de outros estabelecimentos na distância de poucos quarteirões, todos pretendendo dizer uma coisa para as pessoas – o que o futuro reserva para elas. Os negócios deviam estar indo bem, porque os imóveis ali não são baratos!

O que é verdade sobre esse desejo atual de conhecimento também era verdade na época de Jesus. No evangelho de Mateus, os discípulos revelaram seu desejo de saber um pouquinho sobre o que estava reservado para o mundo: "No monte das Oliveiras, achava-se Jesus assentado, quando se aproximaram dele os discípulos, em particular, e lhe pediram: Dize-nos quando sucederão estas coisas e que sinal haverá da tua vinda e da consumação do século" (Mateus 24:3).

Jesus havia acabado de contar sobre a destruição vindoura do Templo; compreensivamente, os Doze ficaram confusos. Como Ele respondeu ao pedido deles? Ele contou uma parábola difícil? Ele criou uma alegoria poética? Não, Ele conhecia seus corações atribulados e seu desejo de compreender e, já que "Deus não é de confusão, e sim de paz", Ele os explicou:

> Vede que ninguém vos engane. Porque virão muitos em meu nome, dizendo: Eu sou o Cristo, e enganarão a muitos. E, certamente, ouvireis falar de guerras e rumores de guerras; vede, não vos assusteis, porque é necessário assim acontecer, mas ainda não é o fim. Porquanto se levantará nação contra nação, reino contra reino, e haverá fomes e terremotos em vários lugares; porém tudo isto é o princípio das dores.
>
> Mateus 24:4-8

Então, Jesus continuou lhes dizendo sobre a perseguição e o martírio que viriam sobre eles. Ele falou sobre o surgimento de falsos profetas, a abominação e desolação citados por Daniel, a Grande Tribulação e Sua Segunda vinda. Dois mil anos depois, podemos ler esta passagem desejando que Jesus tivesse dado mais detalhes sobre o "quem", o "o quê" e o "quando". Mas Cristo sabia exatamente o que os discípulos precisavam, e foi isso que Ele entregou. Ele permitiu que eles soubessem que não ficariam sós. Ele lhes garantiu que o Pai ainda estava no controle. Ele lhes prometeu um Consolador – O Espírito Santo – que os lembraria de todos esses encorajamentos quando eles começassem a se esquecer.

Dois milênios depois, quando pegamos as nossas Bíblias, nós seguramos em nossas mãos exatamente aquilo que Deus determinou que precisaríamos saber sobre Ele, sobre a criação e sobre o nosso passado, presente e futuro. Está tudo lá para nós lermos, aprendermos e compreendermos. Ao se tratar de profecia, as águas do conhecimento podem ficar um pouco agitadas, mas isso não significa que estamos destinados a afundar. Isso apenas significa que antes de começarmos a interpretar as profecias, precisamos estabelecer uma fundação sólida sobre a natureza da profecia em si.

3

COMPREENDENDO A PROFECIA: DUAS EM DUAS

O primeiro passo nesse aspecto para compreender profecia é definir o termo, pois mesmo aqui pode haver confusão. Quando um profeta profetiza, pode estar acontecendo uma dentre essas duas coisas: ele ou ela pode estar *anunciando* uma mensagem da parte de Deus ou *predizendo* os planos de Deus. Ambas as definições estão precisas e ambas cumprem o chamado e o papel do profeta. Para entender mais claramente a distinção entre esses dois papéis, vamos usar o profeta do Antigo Testamento Isaías, como exemplo.

Quando Isaías profetizava anunciando, ele proclamava a verdade de Deus de uma forma poderosa. Geralmente, suas palavras eram de condenação contra atitudes pecaminosas:

> Pois, tu, Senhor, desamparaste o teu povo, a casa de Jacó, porque os seus se encheram da corrupção do Oriente e são agoureiros como os filisteus e se associam com os filhos dos estranhos. A sua terra está cheia de prata e de ouro, e não têm conta os seus tesouros; também está cheia de cavalos, e os seus carros não têm fim. Também está cheia a sua terra de ídolos; adoram a obra das suas mãos, aquilo que os seus próprios dedos fizeram.
>
> Isaías 2:6-8

Em outras ocasiões, em nome do Senhor, ele conclamava mudança no meio do povo: "Lavai-vos, purificai-vos, tirai a maldade de vossos atos de diante dos meus olhos; cessai de fazer o mal. Aprendei a fazer o bem; atendei à justiça, repreendei ao opressor; defendei o direito do órfão, pleiteai a causa das viúvas" (Isaías 1:16-17). O objetivo é uma volta à retidão e um relacionamento restaurado com Deus.

O anúncio da mensagem de Deus admoesta as pessoas por causa de seus pecados – passados e presentes. Ela alerta sobre possíveis consequências e normalmente descreve uma solução para o problema. Esse tipo de profecia é como uma mãe levando seu filho para o quarto pela terceira vez e dizendo para ele que, se sair de lá novamente antes de colocar cada peça de roupa dentro do cesto, ele ficará de castigo durante uma semana. É como um chefe chamando seu funcionário que sempre chega atrasado ao seu escritório para dar um ultimato. É um alerta "salva-vidas", um alarme, um aviso, normalmente acompanhado de um "senão...".

O outro papel do profeta é o de "predizer o futuro". Aqui, a mensagem se move do passado e presente para o futuro. Deus dá ao profeta uma amostra por trás da pesada cortina que separa o hoje do amanhã. Então, Ele espera que esse profeta conte para o público o que ele viu, quer ele entenda completamente ou não. Olhando adiante para o Messias vindouro, Isaías profetiza:

> Do tronco de Jessé sairá um rebento, e das suas raízes, um renovo. Repousará sobre ele o Espírito do Senhor, o Espírito de sabedoria e de entendimento, o Espírito de conselho e de fortaleza, o Espírito de conhecimento e de temor do Senhor. Deleitar-se-á no temor do Senhor; não julgará segundo a vista dos seus olhos, nem repreenderá segundo o ouvir dos seus ouvidos.
>
> Isaías 11:1-3

Até mesmo nos dias atuais, muitos dos meus amigos judeus estão esperando pelo cumprimento dessa profecia, sem entender que ela já foi realizada com o nascimento de Jesus.

Por meio da predição, Deus revela Seus planos para a humanidade e para o mundo. Às vezes, essas promessas podem gerar medo e ansiedade:

> Vi um grande trono branco e aquele que nele se assenta, de cuja presença fugiram a terra e o céu, e não se achou lugar para eles. Vi também os mortos, os grandes e os pequenos, postos em pé diante do trono. Então, se abriram livros. Ainda outro livro, o Livro da Vida, foi aberto. E os mortos foram julgados, segundo as suas obras, conforme o que se achava escrito nos livros. [...] E, se alguém não foi achado inscrito no Livro da Vida, esse foi lançado para dentro do lago de fogo.
> Apocalipse 20:11-12, 15

Outras vezes, a antecipação agitada pelo cumprimento da profecia é quase insuportável:

> Então, ouvi grande voz vinda do trono, dizendo: Eis o tabernáculo de Deus com os homens. Deus habitará com eles. Eles serão povos de Deus, e Deus mesmo estará com eles. E lhes enxugará dos olhos toda lágrima, e a morte já não existirá, já não haverá luto, nem pranto, nem dor, porque as primeiras coisas passaram.
> Apocalipse 21:3-4

Como será incrível o dia em que viveremos com Deus, vendo-O face a face em toda a Sua glória! Sabemos que qualquer coisa que possamos imaginar sobre esse momento nem se compara com o que realmente acontecerá.

Essa antecipação é parte do presente de Deus para nós. Ele quer que saibamos o que está guardado para o mundo e o que nos espera; com esse conhecimento, nós poderemos conhecê-Lo melhor.

Os cumprimentos próximos e os cumprimentos distantes

Assim como existem dois tipos de profecia, há dois tipos de cumprimentos de profecia – o próximo e o distante. Vamos olhar para a profecia de Isaías sobre uma virgem dando à luz como um exemplo dessa natureza dualista: "Portanto, o Senhor mesmo vos dará um sinal: eis que a virgem conceberá e dará à luz um filho e lhe chamará Emanuel" (Isaías 7:14). Esse é um versículo muito conhecido que normalmente é lido no Natal, mas, se focarmos apenas no eventual nascimento de um Salvador, vamos ver apenas metade da obra maravilhosa que Deus realiza por meio dessa promessa.

Para o cumprimento próximo, observe o contexto imediato do versículo:

> Sucedeu nos dias de Acaz, filho de Jotão, filho de Uzias, rei de Judá, que Rezim, rei da Síria, e Peca, filho de Remalias, rei de Israel, subiram a Jerusalém, para pelejarem contra ela, porém não prevaleceram contra ela. Deu-se aviso à casa de Davi: A Síria está aliada com Efraim. Então, ficou agitado o coração de Acaz e o coração do seu povo, como se agitam as árvores do bosque com o vento.
>
> Isaías 7:1-2

Depois de três gerações de reis se comprometendo a seguir a Deus de forma inconsistente, Judá (o Reino do Sul) finalmente coroou um rei muito ruim. Em 2 Reis 16, o rei Acaz estabeleceu o mal como padrão até o nascimento de seu neto Manassés. Assim que Acaz assumiu o reino, ele se voltou à adoração de ídolos, até mesmo sacrificando seus próprios filhos no fogo para o falso deus Moloque. Como consequência, o Senhor retirou Sua mão de proteção de Judá, e eles começaram a receber golpe após golpe dos reinos vizinhos – primeiro dos arameus, depois dos israelitas

(Reino do Norte), dos edomitas e dos filisteus. Cada um deles deu seu golpe no rei e seu reino entrou em declínio.

Então chegou um ponto em que o rei da Síria e o rei de Israel se uniram para desferir o golpe final aos sulistas. Acaz sabia que ele não tinha poder bélico para reunir contra essa força. Ele e seu povo estavam com muito medo, certos de que esse seria o fim. Mas, então, Deus interveio.

Deus ainda não havia terminado com Judá. Ele enviou Isaías até Acaz com uma mensagem, dizendo: "Não se preocupe, Acaz. O relógio chegou ao zero para a Síria e Israel, e é o tempo do julgamento. Estou trazendo o rei da Assíria nesta direção, e esses dois reinos deixarão de existir. E, só para acalmar um pouco sua mente, estou disposto a lhe dar um sinal. Qualquer coisa que você quiser ver – pequena ou grande – é só pedir".

Ao invés de aceitar essa oferta misericordiosa, Acaz protestou: "Longe de mim tentar ao Senhor ao pedir um sinal" (ver Isaías 7:12). Exasperado com a desobediência e o desrespeito recorrentes de Acaz, Deus decidiu dar um sinal mesmo assim:

> Portanto, o Senhor mesmo vos dará um sinal: eis que a virgem conceberá e dará à luz um filho e lhe chamará Emanuel. Ele comerá manteiga e mel quando souber desprezar o mal e escolher o bem. Na verdade, antes que este menino saiba desprezar o mal e escolher o bem, será desamparada a terra ante cujos dois reis tu tremes de medo. Mas o Senhor fará vir sobre ti, sobre o teu povo e sobre a casa de teu pai, por intermédio do rei da Assíria, dias tais, quais nunca vieram, desde o dia em que Efraim se separou de Judá.
>
> Isaías 7:14-17

Desta forma, o sinal vindo de Deus era de que uma certa jovem, que na época ainda não havia se casado, logo se casaria, engravidaria e teria um filho. Ela lhe daria o nome de Emanuel, que significa "Deus conosco", como um lembrete ao povo de Judá de que, apesar de seu pecado e rebelião, Deus ainda estava cuidando deles. O pequeno Emanuel iria crescer e, antes de alcançar a maioridade, Deus usaria o rei da Assíria para trazer julgamento sobre a Síria e Israel, transformando essas nações em deserto.

Essa profecia se cumpriu poucos anos depois de ter sido proferida, quando o rei assírio Tiglate-Pileser III, seguido por Salmaneser V, arou os reinos destruídos, assim como Isaías havia predito. Que relato maravilhoso! Mas essa é apenas metade da história.

Avance setecentos anos. Uma jovem moça, Maria, solteira e virgem, engravida. Mas o que parece ser o resultado natural do pecado é, na verdade, o resultado sobrenatural do plano perfeito de Deus. Maria havia sido escolhida especialmente por Deus para carregar uma criança concebida pelo Espírito Santo. Esse bebê receberia um nome muito especial – Yeshua – a palavra hebraica para "salvação".

Como se essas circunstâncias já não fossem bizarras o bastante, mais uma pequena informação é dada, um lembrete de algo escrito há muito tempo. Uma virgem dando à luz como um sinal da salvação iminente de Deus havia sido predito séculos antes pelo profeta Isaías e então cumprido logo depois, quando uma jovem deu à luz a um bebê que era uma lembrança de que Deus ainda estava com Judá. Agora, outro cumprimento, maior, estava por se realizar: "Ora, tudo isto aconteceu para que se cumprisse o que fora dito pelo Senhor por intermédio do profeta: Eis que a virgem conceberá e dará à luz um filho, e ele será chamado pelo nome de Emanuel (que quer dizer: Deus conosco)" (Mateus 1:22,23). Uma profecia – dois cumprimentos específicos e maravilhosos.

Nem todas as profecias têm essa natureza próxima e distante. A interpretação profética da "poderosa imagem" do sonho de Nabucodonosor em Daniel 2 foi cumprida apenas uma vez nos impérios que se levantaram após a queda da Babilônia. A maior parte das visões apocalípticas de João no livro de Apocalipse se realizarão apenas uma vez, no fim dos tempos. Entretanto, é importante ter em mente que pode haver um cumprimento futuro maior para cada profecia conforme Deus continua a desenrolar a história.

As trilhas globais e regionais

A dupla direção final da profecia está relacionada às duas trilhas do cumprimento profético: a global e a regional. Essas trilhas se referem ao escopo das profecias e à direção geral na qual a profecia bíblica está se movendo.

Algumas profecias são direcionadas para o mundo inteiro. O livro de Apocalipse está repleto de descrições do que acontecerá em uma escala global quando Deus encerrar sua linha do tempo, enquanto os selos são abertos, as trombetas são tocadas e as taças são derramadas. Essa é a trilha global. Em outros lugares, encontramos profecias especificamente relacionadas a nações ou regiões individuais. Por exemplo, observe Ezequiel 25–32 com suas predições e lamentos direcionados a Amom, Moabe, Seir, Edom, Filístia, Tiro, Sidom e Egito. Essa é a trilha regional.

Ao olharmos para a trilha global, rapidamente fica evidente que esse não é um trajeto conduzido por países ou líderes mundiais, mas por forças espirituais. A condução foi tomada por "principados... potestades... dominadores deste mundo tenebroso [e] forças espirituais do mal, nas regiões celestes" (Efésios 6:12). Essa trajetória que vai para o dia do juízo final foi iniciada bem no começo, quando a serpente tentou Eva com questões não apenas sobre a verdade de Deus, "É assim que Deus disse...?" (Gênesis 3:1), mas também sobre o caráter de Deus: "Porque Deus sabe que no dia em que dele comerdes se vos abrirão os olhos e, como Deus, sereis conhecedores do bem e do mal" (Gênesis 3:5). Eva cedeu, assim como Adão, e com essa entrega, o pecado e o mal entraram no mundo.

Mas a rebelião contra Deus e o desejo de ser "como Ele" tiveram início não com esses dois seres humanos pioneiros do pecado, mas com o próprio Satanás, que disse: "Eu subirei ao céu; acima das estrelas de Deus exaltarei o meu trono e no monte da congregação me assentarei, nas extremidades do Norte; subirei acima das mais altas nuvens e serei semelhante ao Altíssimo" (Isaías 14:13,14). Quando o diabo, que era um belo anjo, foi expulso do céu, uma corrente de eventos começou a acontecer e levou à queda da raça humana e à nossa subsequente redenção providenciada por meio de Jesus Cristo – um plano que Deus havia preparado antes mesmo do primeiro ato de rebelião. Esse caminho, agora, leva ao julgamento final de todas as coisas.

Essa trilha global é evidente hoje no mundo, conforme as nações rapidamente se unem em um único sistema anti-Deus. Vemos essa unificação na corrida por uma economia global. O mundo se tornou economicamente conectado e dependente de um enorme emaranhado de tratados, acordos, alianças e auxílio. Portanto, quando a crise econômica chegar – e ela está chegando – não afetará apenas algumas nações ou regiões; ela será sentida mundialmente.

Essa crise é certa, primeiro porque muitos governos estão imprimindo dinheiro loucamente sem o devido lastro. Logo, esse dinheiro impresso se desvalorizará ao custo do papel em que ele foi impresso. As taxas de juros atuais também estão apontando para um colapso global. Elas já estão o mais baixas possível; algumas nações como Dinamarca, Japão, Suíça e Suécia já adotaram a teoria ilógica de taxas de juros negativas.[1]

Países como Grécia, Bielorrússia, Venezuela, Ucrânia e Argentina já estão se aproximando da falência.[2] Embora a economia global consiga sustentar a queda dessas nações, o que acontecerá quando Estados Unidos, França, Alemanha ou Reino Unido experimentarem um colapso econômico? A onda de choque provocará um tsunami econômico global.

A trilha global também é evidente na corrida por um governo mundial. Esse desejo por um governo mundial é algo que costumava ser discutido secretamente, atrás de portas fechadas. Agora, não é apenas aceito como uma opção viável, mas é elogiado por muitos, particularmente nas Nações Unidas, como um objetivo utópico que resultará em justiça econômica, política e social. A União Europeia, o Tribunal Internacional de Justiça (ou Tribunal Mundial) e o Protocolo de Kyoto sobre mudança climática são apenas três exemplos de como nações individuais estão gradualmente abrindo mão de aspectos de sua soberania nacional pelo "bem maior".

Finalmente, a corrida por uma religião mundial claramente ilustra essa trilha global da profecia. A popularidade mundial do Papa Francisco é verdadeiramente notável. Por meio de seus esforços, o objetivo da Igreja Católica Romana de reunir a Igreja Global, católicos e protestantes, é claramente evidente. Afinal, a palavra *católico* significa "universal"; além disso, todos nós somos, por definição, parte da Igreja "Católica". O apelo pessoal e o evangelho de justiça social do Papa Francisco estão fazendo com que pessoas de todas as partes da cristandade comecem a ignorar diferenças teológicas e concentrem-se em trabalhar juntos pelo bem comum. Embora coisas maravilhosas possam acontecer enquanto servimos juntos de uma forma mais ecumênica em um nível social, não devemos nunca nos esquecer das doutrinas teológicas que tornam o cristianismo evangélico algo único.

A correção política e o desejo da Igreja por aceitação levaram à deterioração das coisas que tornam o cristianismo algo distinto. A condescendência com o darwinismo e o desejo de sincronizar a evolução com Gênesis 1 estão ganhando espaço dentro dos estudiosos cristãos e da Igreja. As Escrituras são alegorizadas enquanto teorias científicas não comprovadas são elogiadas. É melhor seguir a multidão do que ser ridicularizado por ser tolo ou antiquado.

A deterioração da distinção da Igreja também é vista no apagamento de seus padrões morais. Diversas denominações colapsaram sob a pressão da agenda LGBT. A permissividade e promiscuidade heterossexual se tornaram a regra, ao invés de serem a exceção.

Muitas igrejas não mais constituem-se em buscadores à procura de Jesus; pelo contrário, elas oferecem um lugar confortável e feliz para semicristãos que estão procurando por pessoas boas que querem fazer coisas boas. Pessoas boas fazendo coisas boas? Como poderia haver algo de errado nisso?

A perda de distinção do cristianismo evangélico abre a porta para um molde geral na apertada equivalência teológica do ecumenismo. À medida que é absorvida pela cultura, a Igreja deixa de ser uma luz na escuridão. O objetivo da trilha global de criar uma religião dirigida por um líder religioso estará muito mais próximo de seu cumprimento.

Em contraste à trilha global, a trilha regional é mais localizada e é dirigida apenas por países e seus respectivos líderes. Nessa trilha, por exemplo, encontramos a Rússia e sua invasão ao Oriente Médio. Em 2015, o presidente Vladimir Putin começou a testar as águas na Síria para ver se haveria alguma reação ao envolvimento russo. Primeiro, Putin contrabandeou quatro caças, voando logo abaixo de um avião de carga para escondê-los do radar (*eles aprenderam esse pequeno truque de nós, israelenses, quando entramos cuidadosamente no Iraque e bombardeamos seu reator nuclear... shhhhhiuu*!). Por não haver manifestação internacional, a Rússia prosseguiu, e dentro de duas semanas estava enviando outros 32 caças e 12 helicópteros de ataque para a fronteira da Síria. Como podemos ver agora, isso foi apenas o começo.

Nessa trilha regional, também descobrimos a irrelevância absoluta da América e da Europa no Oriente Médio. No final de setembro de 2015, um general três estrelas russo foi até a embaixada americana em Bagdá para informar, em russo, que era melhor eles retirarem as tropas de certas áreas na Síria porque os russos iriam começar a bombardeá-las. Depois ele foi embora, tendo todas as suas exigências atendidas. Que humilhação para a outrora poderosa América! Qualquer influência que o Ocidente teve algum dia sobre o Oriente Médio agora já acabou; o bastão foi passado. A menos que grandes mudanças ocorram, devemos todos aceitar esse fato. Mesmo com mudanças, pode ser tarde demais. A América não é mais uma potência global.

Nessa trilha regional, também testemunhamos o crescente isolamento de Israel – um tópico que trataremos com mais detalhes depois. Por enquanto, é importante entender que a nação de Israel nunca esteve tão forte financeira e militarmente. Ainda assim, nunca estivemos tão isolados.

Esse isolamento é o motivo de o primeiro-ministro Netanyahu ter sido tão enfático em seu discurso nas Nações Unidas em 2015. Ele deixou muito claro que não importava quais decisões fossem tomadas por aquele grupo de pessoas, Israel faria o que fosse necessário para defender seu país e seu povo. Embora Israel gostaria de ter amigos internacionais, aprendemos há muito tempo que os únicos com os quais podemos contar somos nós mesmos.

A História está se movendo adiante. Deus nunca é surpreendido, e nada vai contra Sua vontade. Mas quais são os planos que Deus tem para Israel e para o mundo?

4

A LONGA E SINUOSA ESTRADA DA PROFECIA

Existem aqueles que têm uma visão falha de como conseguimos com que este mundo tenha se tornado pecador e caído. De maneira correta, eles acreditam que Deus criou um universo perfeito, com uma Terra perfeita, habitada por criaturas perfeitas – e coroadas de uma humanidade perfeita. Mas, então (sem o conhecimento de Deus em suas mentes), Satanás invadiu o Jardim do Éden e promoveu seu ataque. Repentinamente, o pecado entrou na criação. O diabo marcou um ponto contra Deus. A criação perfeita, já não era mais perfeita. Deus ficou com uma bagunça nas mãos que acabou tendo que remediar sacrificando Seu próprio Filho, Jesus, na cruz.

Embora a ação dessa história esteja correta, a representação de Deus nela não está. Satanás não deu o exemplo final de "jogue a culpa no homem". Deus tinha pleno conhecimento de tudo o que estava acontecendo. Embora Ele não tenha provocado as ações de Satanás ou aprovado esses acontecimentos, Ele também não foi pego desprevenido. Deus criou o mundo e a humanidade com o completo conhecimento de que nós escolheríamos o pecado no lugar Dele.

Antes mesmo de dizer "que haja luz", Deus já tinha um plano para a nossa redenção. O apóstolo Pedro nos diz que nosso resgate foi pago "pelo precioso sangue, como de cordeiro sem defeito e sem mácula, o sangue de Cristo, conhecido, com efeito, antes da fundação do mundo, porém manifestado no fim dos tempos, por amor de vós" (1 Pedro 1:19,20). O Cordeiro de Deus foi identificado, e Seu sacrifício foi planejado antes mesmo de Adão existir, antes que o Jardim do Éden ou até mesmo a Terra fossem criados, antes da criação do próprio Satanás.

Enquanto caminhamos por este capítulo, precisamos ter tal fato em mente. Nada que tenha acontecido na História fez Deus dar um tapa na testa e dizer: "Ah, não! Por essa eu não esperava!" Deus sabia que a entrada do pecado no mundo exigiria a redenção. Ele também sabia desde o início que, por causa dos efeitos destrutivos do pecado, essa criação perfeita que Ele havia chamado de "boa" em Gênesis 1 estava, no fim das contas, condenada.

O Fim desde o Começo

Quando as pessoas querem aprender sobre profecia bíblica, normalmente o "fim dos tempos" é o que está na mente delas. A Igreja hoje parece menos preocupada com o aspecto de "anunciação" da profecia do que com o aspecto de "predição". Isso é porque nós queremos saber o resultado final. Nós sabemos qual foi o começo; agora, nós queremos saber o final. E não estamos sozinhos neste desejo por respostas sobre o fim dos tempos. Esse anseio por conhecer os planos de Deus vem desde o início da Bíblia.

Na Torá (os cinco primeiros livros do Antigo Testamento), o "fim dos tempos" é mencionado em cerca de quatro vezes diferentes. Quando o patriarca Jacó estava prestes a morrer, ele reuniu seus filhos para abençoá-los. Ele começou: "Ajuntai-vos, e eu vos farei saber o que vos há de acontecer nos dias vindouros" (Gênesis 49:1). Em hebraico, essas últimas três palavras literalmente significam "no fim dos tempos" – a primeira vez que tal frase é usada na Bíblia. Deus também revelou Seu plano de salvar o mundo por meio dessas bênçãos. Para seu filho Judá, Jacó disse: "O cetro não se arredará de Judá, nem o bastão de entre seus pés, até que venha

Siló; e a ele obedecerão os povos" (Gênesis 49:10). Nesta dedicação profética, vemos o plano específico de Deus para abençoar a linhagem de Judá. Além disso, temos um vislumbre de Seu plano muito maior e de longo alcance para abençoar o mundo, trazendo um Messias a partir desse filho de Jacó.

No livro de Números, o rei Balaque dos moabitas contrata o profeta Balaão para proclamar maldições sobre os israelitas. Três vezes Balaque preparou Balaão para uma maldição, e três vezes Balaão respondeu com uma bênção. Finalmente, o rei Balaque desistiu e se preparou para mandar Balaão para casa. Mas Deus não permitiria que Balaão partisse sem lançar-se contra Balaque e seu povo. Enquanto ele se preparava para dar más notícias sobre o futuro dos moabitas, Balaão disse: "Agora, eis que vou ao meu povo; vem, avisar-te-ei do que fará este povo ao teu, nos últimos dias" (Números 24:14). Novamente, as palavras em hebraico aqui são literalmente "fim dos tempos", e o Messias vindouro é prometido em seguida: "Vê-lo-ei, mas não agora; contemplá-lo-ei, mas não de perto; uma estrela procederá de Jacó, de Israel subirá um cetro que ferirá as têmporas de Moabe e destruirá todos os filhos de Sete" (Números 24:17). Da boca de um profeta não judeu, politeísta, Deus prometeu um Salvador para o mundo inteiro.

Deus cumpre Suas promessas. Em muitas partes do Antigo Testamento, Ele prometeu um Messias (ver Jeremias 23:5-6, 20; 30:9, 24; Oseias 3:5; Daniel 9:24-27; 10:14). Todas essas promessas foram cumpridas em Cristo. Mesmo as promessas dadas por meio de Balaão e Jacó foram especificamente respondidas. A promessa de Balaão de que "uma estrela procederá de Jacó" encontra seu cumprimento no evangelho de Mateus:

> Tendo Jesus nascido em Belém da Judeia, em dias do rei Herodes, eis que vieram uns magos do Oriente a Jerusalém. E perguntavam: Onde está o recém-nascido Rei dos judeus? Porque vimos a sua estrela no Oriente e viemos para adorá-lo.
>
> Mateus 2:1-2

A promessa de Jacó de um rei eterno em Gênesis 49:10 encontra seu cumprimento nas palavras de João:

> Vi o céu aberto, e eis um cavalo branco. O seu cavaleiro se chama Fiel e Verdadeiro e julga e peleja com justiça. Os seus olhos são chama de fogo; na sua cabeça, há muitos diademas; tem um nome escrito que ninguém conhece, senão ele mesmo. Está vestido com um manto tinto de sangue, e o seu nome se chama o Verbo de Deus.
>
> Apocalipse 19:11-13

Deus é um cumpridor de profecias. Quando Ele faz uma promessa – seja sobre o Messias vindouro, seja sobre o fim dos tempos – Ele cumpre.

Deus nos dá um aviso não para nos amedrontar, mas para nos informar o que está vindo, para que estejamos prontos. Como eu mencionei antes, Seu objetivo não é assustar, mas preparar. Ele quer que saibamos que Seu plano não é apenas para o mundo, mas para cada um de nós. Certa vez assisti a um programa de televisão que demonstrava o poder dos novos telescópios de satélites. Um telescópio era capaz de mostrar vistas espantosas do universo – galáxias e mais galáxias em toda a sua glória colorida. Então, a visão se virou para a Terra e, ao invés da vastidão do cosmos, a visão era uma imagem extremamente clara de uma pessoa deitada em um cobertor no chão. O detalhismo desse satélite em órbita era maravilhoso e um pouco amedrontador. A imagem voltou novamente para o universo, e então de novo para a Terra. Dessa vez, a imagem foi além – através do olho da pessoa até os níveis celular e molecular.

Que ilustração perfeita do plano de Deus para o fim dos tempos! Seus planos abalarão os céus e a Terra; todas as pessoas e todas as coisas serão afetadas. Mesmo assim, esse vasto plano, que a tudo engloba, ainda leva você em consideração. Você não é apenas um número. Você não é um boneco sem rosto, um dano colateral ou um soldado. O plano de Deus para o mundo é o plano de Deus para você.

No princípio

O plano de Deus não ficou isento de obstáculos e dificuldades. No princípio, Deus criou. Em seis dias de brilhantismo artístico, Deus fez os céus, a Terra, luz, mares, solo, plantas, peixes, aves e todos os outros tipos de animais. Após cada ato novo e imaginativo de criação, Ele declarou que Sua criação era boa.

Então veio a coroa gloriosa de Seu trabalho: a humanidade. Homem e mulher os criou. A criação deles foi diferente da criação de qualquer outra criatura que Deus havia formado. O homem e a mulher receberam a imagem de Deus em si – a habilidade de pensar e raciocinar, de amar e de sentir emoção. Deus é um Espírito eterno, e um espírito eterno foi o que recebemos. Deus olhou para nós e, como fez em todas as outras partes de Sua grande obra criativa, nos considerou algo bom.

Parte da "bondade" da nossa criação é nossa habilidade de "não sermos bons". Deus nos deu algo diferente do que entregou para o restante de Sua criação. Ele nos deu uma parte de Si mesmo – a *imago Dei*, a imagem de Deus. Ser criado à imagem de Deus não significa que nos pareçamos com Ele. Significa que recebemos um espírito; Deus é espírito, e Ele nos criou como seres espirituais. Por sermos mais que apenas carne, cérebro, sinapse e instinto, temos a habilidade de pensar e raciocinar, amar e odiar.

Com Seu Espírito, Ele nos deu um pouco de Seu caráter. A essência central de Deus é amor, pois Deus é amor: "Deus é amor, e aquele que permanece no amor permanece em Deus, e Deus, nele" (1 João 4:16). A essência central do amor é o livre arbítrio. Não pode haver amor sem escolha. O amor forçado não é amor. Um amor negligente não é amor. Se você programar seu telefone para dizer "Eu te amo" dez vezes por dia, eu posso garantir que, apesar dessas palavras, seu telefone não te ama. Ele não tem a capacidade de sentir amor ou escolher o amor.

Nós não somos máquinas. Fomos abençoados com o maravilhoso presente do livre arbítrio – a habilidade de fazer escolhas. Infelizmente, nós temos usado de forma bastante inadequada este presente, desde o início. Adão e Eva eram livres para escolher amar a Deus ou amar a eles mesmos, para escolher a maneira de Deus ou a própria maneira. Eles escolheram a própria maneira.

Deus criou a humanidade para ter um relacionamento com Ele, e a humanidade rejeitou tal oferta. Nossa descrença e nossa desobediência criaram uma separação entre Deus e o homem. O Senhor poderia ter se poupado de tanta dor e sofrimento se tivesse escolhido retirar Adão e Eva do mundo, em vez de apenas retirá-los do Jardim. Mas o amor de Deus é grande demais para isso. Antes de a humanidade fazer a escolha de se rebelar – como Ele sabia que faríamos – o Senhor tinha um plano para a nossa redenção.

A reconciliação com o nosso Criador viria na forma de um Rei que iria nos redimir de nossos pecados e governar com retidão sobre todas as coisas um dia. Deus profetizou todas essas coisas por meio do patriarca Jacó. Quando Jacó era um homem idoso no Egito, ele sabia que sua hora estava próxima, então reuniu seus filhos e abençoou a cada um. Quando chegou em Judá, ele prometeu que a linhagem de Judá seria real. De Judá viria um Rei cujo reinado eterno seria sobre as nações. Jesus Cristo, o Leão de Judá, é esse Rei (ver Gênesis 49:8-12).

Esse Rei prometido está chegando. Mas como será essa vinda? Novamente, encontramos nossas respostas de volta ao início.

O plano de Deus sofre um desvio

Deus criou Adão e Eva para terem um maravilhoso relacionamento de amor em livre arbítrio um com o outro e com Ele. Que lugar melhor para experimentar essa conexão apaixonada do que no paraíso na Terra, o Jardim do Éden? O lugar onde se vive o amor. Que bênçãos maravilhosas de Deus!

As bênçãos de Deus não pararam ali. Juntamente com esses presentes maravilhosos, Deus lhes disse: "Sede fecundos, multiplicai-vos, enchei a terra e sujeitai-a; dominai sobre os peixes do mar, sobre as aves dos céus e sobre todo animal que rasteja pela terra" (Gênesis

1:28). Encontramos três elementos-chave nesta passagem. O primeiro é bênção: Deus deu Sua bênção especial para Adão e Eva. O segundo é semente: Deus lhes diz para serem frutíferos e se multiplicarem. O terceiro é território: eles devem encher a Terra e sujeitá-la.

Esses dois primeiros humanos foram preparados para a perfeição, mas não era para ser. Aquele irritante "livre arbítrio" ficou no caminho. Adão e Eva se recusaram a obedecer a Deus, e os dois primeiros seres humanos se tornaram os dois primeiros exilados. Eles foram exilados do Jardim e da presença de Deus. Se a história fosse até aí, seria uma tragédia digna de Shakespeare. Sem final feliz – apenas tristeza e morte. Em vez disso, um pouco antes de o exílio ser declarado, Deus deixou um lampejo de esperança em forma de uma poderosa promessa.

Adão, Eva e a serpente estavam todos no "escritório principal" de Deus ouvindo as consequências de seu pecado. Embora eles estivessem torcendo para receber apenas uma "advertência", o veredito foi a expulsão. Ainda assim, enquanto Deus estava proferindo as sentenças, Ele acrescentou algo inesperado à punição da serpente: "Porei inimizade entre ti e a mulher, entre a tua descendência e o seu descendente. Este te ferirá a cabeça, e tu lhe ferirás o calcanhar" (Gênesis 3:15). Aqui encontramos não apenas a primeira profecia bíblica, mas também a principal razão pela qual Satanás odeia tanto a palavra profética de Deus.

Deus prometeu inimizade entre a semente da serpente e a Semente da mulher. Você percebe algo incomum quando lê isso? Deveria. Da última vez que estudei biologia, mulheres não produziam a semente; quem faz isso é o homem. As mulheres carregam o óvulo.

Embora essa profecia seja uma maldição para a serpente, é uma maravilhosa promessa de esperança para a humanidade. Mas tal esperança não advirá da semente do homem. Algo único deve acontecer para cumprir essa promessa. Quando foi que a mulher recebeu uma semente sem que viesse do homem?

Anteriormente, olhamos para o tempo em que o profeta Isaías predisse o nascimento virginal. Naquela profecia, ele prevê a resposta para esta questão: "Portanto, o Senhor mesmo vos dará um sinal: eis que a virgem conceberá e dará à luz um filho e lhe chamará Emanuel" (Isaías 7:14). A virgem dando à luz gera uma criança nascida sem a semente do homem.

Como vimos antes, muitos anos após tal profecia, uma jovem solteira estava grávida. Seu noivo, José, decide quebrar seu contrato de casamento com ela discretamente. Afinal, mesmo há dois mil anos atrás, só havia uma maneira de uma moça engravidar. Antes que ele tivesse a oportunidade...

> Enquanto ponderava nestas coisas, eis que lhe apareceu, em sonho, um anjo do Senhor, dizendo: José, filho de Davi, não temas receber Maria, tua mulher, porque o que nela foi gerado é do Espírito Santo. Ela dará à luz um filho e lhe porás o nome de Jesus, porque ele salvará o seu povo dos pecados deles. Ora, tudo isto aconteceu para que se cumprisse o que fora dito pelo Senhor por intermédio do profeta: Eis que a virgem conceberá e dará à luz um filho, e ele será chamado pelo nome de Emanuel (que quer dizer: Deus conosco).
>
> Mateus 1:20-23

O plano de Deus desde o início era enviar Seu Filho, Jesus, para morrer por nossos pecados para que a separação provocada pela rebelião da humanidade pudesse ser anulada por Sua obra na cruz.

O plano de Deus: de volta ao curso

Antes de continuarmos, é importante deixar claro que esse plano não é um plano novo. Deus não teve que lutar para pensar em um Plano B porque o plano original foi atravessado por circunstâncias imprevistas. Deus não olhou para os acontecimentos no Jardim, bateu em sua cabeça e disse: "Ótimo! E agora?" Esse é um Plano B somente no sentido de que é o segundo plano. Deus sabia que o Plano A caminharia à margem do pecado de Adão e Eva. A vontade humana firmou-se em si mesma na livre escolha, escolhendo a si mesma, ao invés de Deus. Então, Deus permitiu que as coisas acontecessem durante um tempo, lavou a Terra com um banho que durou um ano e então lançou a fase dois de Seu plano.

A segunda fase começou com Abrão, que vivia em Ur, uma cidade localizada no sudeste do que atualmente é o Iraque. Com seu pai, Tera, e outros membros de sua família, Abrão estava vivendo uma típica vida pagã quando Deus puxou o gatilho de Seu plano revisado (ver Atos 7:2-3).

> Ora, disse o Senhor a Abrão: Sai da tua terra, da tua parentela e da casa de teu pai e vai para a terra que te mostrarei; de ti farei uma grande nação, e te abençoarei, e te engrandecerei o nome. Sê tu uma bênção! Abençoarei os que te abençoarem e amaldiçoarei os que te amaldiçoarem; em ti serão benditas todas as famílias da terra.
> Gênesis 12:1-3

Imagine-se no lugar de Abrão. Não há nenhuma indicação de que ele já tivesse ouvido falar sobre Deus; não sabemos se ele sabia nem mesmo quem era o Deus verdadeiro. Então, uma voz, ou uma visão, ou um sonho apareceu, e esse novo Deus lhe disse para deixar tudo aquilo que ele amava. Ele nem foi informado para onde iria: a localização exata estava na lista de "coisas para saber", e Abrão não precisava saber. Qualquer que tenha sido a metodologia que Deus usou para Sua comunicação, foi eficaz. A próxima coisa que lemos é que toda a família seguiu para Harã, cujas ruínas podem ser encontradas no sul da Turquia. Após uma parada temporária, longa o bastante para Tera, o patriarca da família, morrer, Abrão arrumou seus pertences com sua esposa, Sarai, e seu sobrinho, Ló, e voltaram para a estrada.

Numa primeira impressão, esse novo plano com Abrão pode parecer muito diferente do plano original de Deus com Adão. Não é. Embora os destinatários sejam diferentes, os elementos-chave continuam os mesmos.

O primeiro elemento é bênção. Deus prometeu que faria desse nômade desconhecido alguém com um grande nome. Quantos bilhões de pessoas anônimas viveram e morreram? Vidas foram vividas, coisas boas foram feitas, fortunas foram herdadas e nações foram lideradas por pessoas cuja existência caiu no vazio da irrelevância histórica. Ainda assim, Deus prometeu a Abrão que as pessoas ainda falariam sobre ele por milênios.

Não apenas Abrão seria abençoado, mas outros seriam abençoados através dele – outra dica para o Messias vindouro. E como se isso não fosse bênção suficiente para todos, Deus prometeu a Abrão que ele seria um catalisador de bênçãos. Se as pessoas abençoassem Abrão, Deus as abençoaria. Se as pessoas amaldiçoassem Abrão, era melhor tomarem cuidado.

A segunda similaridade entre os planos para Adão e Abrão, era a promessa da semente. Adão deveria ser frutífero e se multiplicar. Abrão recebeu a promessa de que ele também seria pai de um povo – uma declaração como essa provavelmente pegou aquele homem idoso e sem filhos de surpresa. Observe a diminuição do tamanho da bênção, mas o aumento em seu impacto. Adão foi o pai de todas as pessoas. Abrão foi o pai de uma grande nação. Ainda assim, foi por meio de Adão que o mundo foi amaldiçoado, e seria por meio de Abrão que todos os povos seriam abençoados.

Para enfatizar a magnitude dessa grande promessa para Abrão, Deus lhe deu um novo nome. Ele não seria mais chamado Abrão – "pai é exaltado"; em vez disso, ele seria conhecido como Abraão – "pai de uma multidão". Um idoso sem filhos, muito além dos anos de paternidade, com uma esposa bem além dos anos de maternidade, recebe um nome que, fora da mão milagrosa de Deus, seria completamente ridículo. O que parece impossível para nós é possível com Deus.

O terceiro elemento da bênção, território, também traz uma comparação entre o primeiro homem e o primeiro patriarca. A Terra inteira é dada a Adão, e ele deveria enchê-la e sujeitá-la. Abraão recebeu apenas uma pequena porção de terra na região leste do Mediterrâneo. Porém, muito embora o "lote" de Adão fosse maior, o "lote" de Abraão era a terra prometida – o lar da cidade onde o próprio Deus habita, o lugar onde o Emanuel andou na Terra, o cenário da morte, ressurreição e ascensão do Salvador, o local onde o Grande Juiz retornará para Sua criação e o lugar do reinado eterno do Rei dos reis e Senhor dos senhores.

O plano de Deus para o sacerdócio

Assim como o plano original de Deus para um relacionamento com a humanidade começou com Adão mas se cumpriu em Abraão, o plano de Deus para o sacerdócio começou com Adão, mas foi realizado por outros meios. Enquanto o profeta é o comunicador de Deus para o povo, o sacerdote é o comunicador do povo para Deus. Por causa de seu relacionamento próximo com seu Criador, Adão pode ser visto como o primeiro sumo-sacerdote.

Na verdade, existem numerosos paralelos que podem ser vistos entre o Jardim, o lar de Adão; e o Tabernáculo, o lar do sacerdócio. No jardim, vemos o "Senhor Deus, que andava no jardim pela viração do dia" (Gênesis 3:8). Na época do Tabernáculo, o Senhor prometeu: "Andarei entre vós e serei o vosso Deus, e vós sereis o meu povo" (Levítico 26:12). Em Gênesis, querubins guardavam a entrada do Jardim. Quando o Tabernáculo foi construído, foram confeccionados querubins no grande véu entre o lugar santo e o santo dos santos, guardando a entrada para o lugar onde o Espírito de Deus habitava.

Falando sobre entradas, tanto o acesso ao Jardim quanto ao Tabernáculo era feito pelo lado leste. Quanto à função que lhes foi dada pelo Senhor, Deus tomou Adão "e o colocou no jardim do Éden para o cultivar e o guardar" (Gênesis 2:15). Depois, o Senhor usou essas mesmas palavras em hebraico quando separou os levitas:

> E cumpram seus deveres para com ele e para com todo o povo, diante da tenda da congregação, para ministrarem no tabernáculo. Terão cuidado de todos os utensílios da

tenda da congregação e cumprirão o seu dever para com os filhos de Israel, no ministrar no tabernáculo.

Números 3:7-8

Em relação às roupas de Adão e Eva após terem pecado, "Fez o Senhor Deus vestimenta de peles para Adão e sua mulher e os vestiu" (Gênesis 3:21). Em hebraico, a palavra para *vestimenta* (geralmente traduzida por "túnica") é a mesma que Deus usou quando Ele falou com Moisés: "depois, tomarás as vestes, e vestirás Arão da túnica, da sobrepeliz, da estola sacerdotal e do peitoral, e o cingirás com o cinto de obra esmerada da estola sacerdotal" (Êxodo 29:5). Deus designou a vestimenta tanto para o primeiro homem quanto para o primeiro sacerdote.

Em Adão, Deus começou o primeiro sacerdócio. Mas Adão falhou, e o sacerdócio foi passado para frente. O segundo "recebedor" desse sacerdócio foi a nação de Israel. Nós normalmente pensamos na tribo de Levi como os sacerdotes da nação, mas essa não era a intenção original de Deus. O Senhor diz: "Agora, pois, se diligentemente ouvirdes a minha voz e guardardes a minha aliança, então, sereis a minha propriedade peculiar dentre todos os povos; porque toda a terra é minha; vós me sereis reino de sacerdotes e nação santa" (Êxodo 19:5-6). Não demorou muito para que a nação de Israel se provasse indigna desse sacerdócio. Tudo que custou foi um pouco de ouro, um pouco de fogo e, nas palavras de Arão, "e saiu este bezerro" (Êxodo 32:24). Consequentemente, Deus retirou o sacerdócio do povo de Israel e o deu à única tribo que não participou da rebelião contra o Senhor – a tribo de Levi.

O plano de Deus para o sacerdócio sempre foi muito maior do que uma tribo de uma nação. O sacerdócio aarônico foi necessário e benéfico para sua época, mas definitivamente não foi só para sua época. Quando Jesus veio, Ele trouxe um novo sacerdócio que se estenderia para todo o povo de Deus. Sendo da tribo de Judá, Jesus não poderia servir no sacerdócio levítico tradicional para os judeus, então Ele instituiu um novo sacerdócio: "Porquanto se testifica: Tu és sacerdote para sempre, segundo a ordem de Melquisedeque" (Hebreus 7:17).

Esse sacerdócio de Melquisedeque tem seu início em Gênesis. Quando Abrão retornou de uma batalha bem-sucedida, ele foi recebido por uma figura incomum, Melquisedeque, o rei de Salém. Esse homem poderoso, a quem Abrão ofereceu um dízimo dos despojos que ele havia ganhado na batalha, também carregava a designação de "sacerdote do Deus Altíssimo" (Gênesis 14:18). É esse sacerdócio – ao qual o pai dos judeus presta homenagem – que Jesus institui em Sua encarnação. Como o Sumo-sacerdote desse novo sacerdócio, Ele oferece a todos os cristãos o direito de serem sacerdotes abaixo Dele.

O apóstolo Pedro nos revela esse novo e maravilhoso papel que temos no Reino de Deus:

> Vós, porém, sois raça eleita, sacerdócio real, nação santa, povo de propriedade exclusiva de Deus, a fim de proclamardes as virtudes daquele que vos chamou das trevas para a sua maravilhosa luz; vós, sim, que, antes, não éreis povo, mas, agora, sois povo de Deus, que não tínheis alcançado misericórdia, mas, agora, alcançastes misericórdia.
> 1 Pedro 2:9-10

Deus formou a Igreja em um novo povo – uma nova nação – e Ele nos deu a bênção de podermos nos comunicar diretamente com Ele. Nós não precisamos de um intermediário, nem de um sacerdócio. Nós *somos* os sacerdotes.

Muito frequentemente eu ouço as pessoas dizerem: "Ah, como eu gostaria de ser judeu". Será? Olhe para a história dos judeus; não é algo que provoque muita inveja. Mesmo assim, existem pessoas que frequentam congregações messiânicas, seguem as festas e mantêm as leis alimentares. Na verdade, muitos estão tão comprometidos com seu judaísmo-não-judeu que começam a olhar com desagrado àqueles que não querem adotar sua forma de pensar. São uma nova geração de judaizantes. Paulo deixou claro em Gálatas 5:12 como ele se sentia a respeito de qualquer um que acrescentasse uma regra sequer à pureza e simplicidade do Evangelho: "Tomara até se mutilassem os que vos incitam à rebeldia!".

Quando membros da Igreja buscam se tornar mais judeus, eles estão abdicando do seu chamado. Por causa da queda dos judeus, a salvação chegou para os gentios. Agora, é papel dos gentios entregar o verdadeiro Evangelho de volta para os judeus. Paulo escreveu: "Pergunto, pois: porventura, tropeçaram para que caíssem? De modo nenhum! Mas, pela sua transgressão, veio a salvação aos gentios, para pô-los em ciúmes" (Romanos 11:11). A Igreja é chamada para provocar ciúmes aos judeus, não para serem levados ao ciúmes pelos judeus.

Às vezes as pessoas me dizem: "Amir, você não é judeu o bastante". É por que eu não sigo a lei do Antigo Testamento? É por que, antes de comer bacon, eu espirro água em cima dele e digo "Você é um frango! Você é um frango!"? Se seguir a Antiga Aliança é o que faz alguém ser um judeu, então não haverá judeus no céu, porque não há ninguém, nem judeu nem gentio, capaz de seguir a lei completamente. Jesus veio estabelecer a Nova Aliança, realizando os caminhos da Antiga. Não deve haver nenhuma crise de identidade dentro da Igreja por não ser judaica. Os judeus têm apenas um grupo de sacerdotes enquanto, na Igreja, todos são sacerdotes. Por que você iria querer voltar para um nível inferior?

O plano de Deus para o Salvador

Quando Adão e Eva se rebelaram contra Deus, o castigo logo chegou. Mas quando Deus estava listando as punições para cada integrante do motim espiritual, Ele não começou pelos dois seres humanos. Ele começou pelo instigador, a serpente:

> Então, o Senhor Deus disse à serpente: Visto que isso fizeste, maldita és entre todos os animais domésticos e o és entre todos os animais selváticos; rastejarás sobre o

teu ventre e comerás pó todos os dias da tua vida. Porei inimizade entre ti e a mulher, entre a tua descendência e o seu descendente. Este te ferirá a cabeça, e tu lhe ferirás o calcanhar.

Gênesis 3:14-15

Assim que essa profecia foi pronunciada, Satanás foi colocado na defensiva. O diabo é qualquer coisa menos estúpido. Ele entendia que essa promessa da Semente da mulher significaria a ruína dele. Como resultado, o inimigo tem tentado durante milênios realizar uma tarefa impossível: destruir a Semente da mulher.

Se podemos elogiar Satanás em alguma coisa, é por sua persistência. Ele tentou impedir que o Messias viesse, e falhou. Tentou parar a Igreja por meio da perseguição, e falhou. Agora, ele está tentando se infiltrar na Igreja com um plano distorcido de "Se não pode vencê-los, junte-se a eles" e, infelizmente, ele está começando a obter tração.

A infiltração não teria sido necessária se o inimigo tivesse sido bem-sucedido em qualquer outro ponto durante o caminho. Ele começou seu ataque contra a Semente da mulher ao atacar a semente literal de Adão. Tivemos Caim e tivemos Abel – um cara mau e um cara bom. Satanás simplesmente incitou o cara mau a matar o cara bom. Missão cumprida! Mas, então, veio Sete.

Quando os hebreus estavam na escravidão do Egito, era uma perfeita oportunidade para eliminar a Semente. Satanás induziu o faraó a matar todos os homens hebreus. Grande plano, a não ser por uma criança que escapou entre os juncos e foi parar na proteção da casa do faraó. Essa criança, Moisés, levaria os hebreus para a liberdade.

Muitos anos depois, os judeus ficaram cativos sob o reinado de Xerxes, rei da Pérsia. Satanás se apossou de um homem orgulhoso e de vontade fraca chamado Hamã. Por meio das intrigas desse peão humano, o inimigo fez com que um decreto se espalhasse por todo o império de que, em um determinado dia, todos os judeus deveriam ser assassinados. Era um ótimo plano, até que uma corajosa jovem entrou em cena. Ester, a nova rainha e judia, preparou uma armadilha para Hamã e ele imediatamente caiu nela. Os judeus foram salvos, Hamã não foi, e Satanás foi impedido novamente.

Quinhentos anos se passaram, e agora era tarde demais. A Semente havia nascido. Todos os planos de Satanás foram incapazes de impedir que isso acontecesse. Mas será que ele desistiu? Novamente, o inimigo foi persistente. Ele perdeu a batalha para impedir o nascimento da Semente, mas, se pudesse evitar que a Semente crescesse, então ainda teria uma chance de vencer a guerra. O rei Herodes, um tirano mesquinho e invejoso, era exatamente o homem de quem ele precisava. Por causa da insegurança de Herodes em relação a seu trono, Satanás pôde fazer com que o monarca emitisse uma ordem, baseada nas palavras dos magos, para matar todos os meninos de Belém de até dois anos de idade. Sem se importar com o dano colateral, Herodes e Satanás teriam o bebê que queriam. Um pouco antes da ordem ser dada, um anjo apareceu para José e disse:

> Dispõe-te, toma o menino e sua mãe, foge para o Egito e permanece lá até que eu te avise; porque Herodes há de procurar o menino para o matar. Dispondo-se ele, tomou de noite o menino e sua mãe e partiu para o Egito; e lá ficou até à morte de Herodes.
>
> Mateus 2:13-15

Outro erro cometido por pouco, outra falha para o inimigo.

Agora a Semente – o Salvador – estava crescido, e o diabo foi forçado a mudar suas táticas. Até esse ponto, seu objetivo havia sido destruir a todos e a qualquer um a fim de evitar essa mesma situação. Era tarde demais para impedir a Semente de chegar, então ele tinha que garantir que o Salvador não pudesse cumprir Seu papel de salvação. O destruidor foi forçado a preservar a única vida que deveria ser sacrificada para que todas as vidas fossem salvas.

Quando Jesus e Seus discípulos estavam no distrito de Cesareia de Filipe, Ele lhes perguntou quem eles achavam que Ele era. Pedro, falando pelo poder de Deus, respondeu: "Tu és o Cristo, o

Filho do Deus vivo" (Mateus 16:16). Quando Jesus o elogiou por sua resposta, Pedro começou a encher-se de si. Depois, quando o Senhor começou a explicar para os Seus discípulos que Ele iria para Jerusalém para ser agredido, morto e, no terceiro dia, ressuscitaria, Pedro o reprovou: "Tem compaixão de ti, Senhor; isso de modo algum te acontecerá!" (Mateus 16:22). A resposta de Jesus foi rápida e severa: "Arreda, Satanás! Tu és para mim pedra de tropeço, porque não cogitas das coisas de Deus, e sim das dos homens" (Mateus 16:23). Para quem essa repreensão foi dirigida? Não para Pedro, mas para Satanás. Jesus sabia quem realmente estava falando. O inimigo não queria que Jesus morresse porque ele entendia que sua derrota final viria quando Jesus derrotasse a morte por meio de Sua ressurreição. Outro plano demoníaco que falhou completamente.

O diabo estava em desespero. O plano perfeito de Deus de reconciliação havia sido comprado e pago; o dom gratuito da salvação havia sido colocado no lugar. Tudo que sobrou para o diabo era fazer o máximo de devastação que pudesse antes que sua total derrota chegasse. Veremos mais adiante quanta destruição seus enganos estão causando para as nações da Terra. Todavia, seu dia final está se aproximando. Com essa data de validade expirando, a única esperança que Satanás tem é adiá-la o máximo possível.

Como é possível que Satanás adie seu julgamento final? Ele precisa encontrar uma forma de derrotar o sistema, então ele decidiu usar a Palavra de Deus contra Ele mesmo. Satanás conhece as Escrituras, e ele entende as profecias que devem ser cumpridas. Um pouco antes da Segunda Vinda de Cristo (o catalisador que introduzirá o período final da liberdade do diabo), Romanos 11 promete que todo Israel será salvo. Mas e se não tiver nenhum Israel para salvar? Se a nação for erradicada, a profecia não pode se cumprir, e Cristo não pode voltar para assumir Seu trono na Terra. Esse é outro motivo pelo qual o inimigo está tão determinado a destruir o povo escolhido de Deus.

Durante os horrores da Segunda Guerra Mundial, um em cada três judeus foi morto. O inimigo usou cada ferramenta que tinha à sua disposição, inclusive um antissemitismo duradouro e enraizado, que manchou uma grande parte do leste da Europa e da Europa central. Mesmo assim, Deus não permitiu que Seu povo fosse exterminado da Terra.

No entanto, Satanás não desistiu. Outro Holocausto, ainda mais letal que o primeiro, está chegando.

> Desperta, ó espada, contra o meu pastor e contra o homem que é o meu companheiro, diz o Senhor dos Exércitos; fere o pastor, e as ovelhas ficarão dispersas; mas volverei a mão para os pequeninos. Em toda a terra, diz o Senhor, dois terços dela serão eliminados e perecerão; mas a terceira parte restará nela. Farei passar a terceira parte pelo fogo, e a purificarei como se purifica a prata, e a provarei como se prova o ouro; ela invocará o meu nome, e eu a ouvirei; direi: é meu povo, e ela dirá: O Senhor é meu Deus.
>
> Zacarias 13:7-9

Dois terços do povo judeu serão eliminados. É difícil imaginar esse tipo de devastação. Mas mesmo com dois a cada três judeus sendo assassinados, Satanás ainda não terá uma vitória. Deus preservará um terço. Eles serão aqueles que sofrerão durante a Tribulação, e serão eles que reconhecerão a Jesus como o verdadeiro Messias no fim. Novamente, o Senhor consegue demonstrar Sua graça e misericórdia em meio à tragédia.

O plano de Deus prevalecerá; Sua Palavra será cumprida. Embora a profecia não seja sempre bonita e pode até nos fazer tremer às vezes, há paz em saber que Deus está no controle, não importa como as coisas estejam ao nosso redor.

5

ISRAEL: AINDA O POVO ESCOLHIDO DE DEUS

A rejeição é uma experiência terrível – principalmente se você é uma criança, principalmente se vem dos seus pais. Meus pais sempre tiveram um casamento estremecido. Meu pai veio de um ambiente judeu ortodoxo. As regras e estruturas o afastaram da religião e essa luta se estendeu para muitas outras áreas de sua vida.

Minha mãe tinha duas questões que a incomodavam. A primeira era o trauma de seus pais com o Holocausto. Um horror como aquele não acaba naqueles que o viveram. O trauma é repassado por gerações através de atitudes, medos e cicatrizes emocionais. Uma segunda questão partia da morte do irmão dela. Durante a Guerra de Desgaste com o Egito, ele foi alocado no navio de guerra *Eliat*, na área de Port Said. Os egípcios dispararam um torpedo que atingiu o *Eliat*, afundando o navio e matando muitos dos que estavam a bordo, incluindo meu tio. Essa tragédia a afetou muito. Com dois pais disfuncionais que ainda estavam lidando com os efeitos colaterais emocionais duradouros do Holocausto, minha mãe sentia que seu irmão era o único de quem ela era realmente próxima.

Quando eu tinha dois anos, o casamento dos meus pais desmoronou. Sem surpresa, isso teve um enorme impacto sobre minha irmã, meu irmão e eu. Minha mãe não estava estável o bastante para cuidar de nós três sozinha, então meu pai ganhou a custódia minha e do meu irmão. Depois de um tempo, fomos morar com uma tia, mas isso durou pouco. Com oito anos, fui colocado em um lar temporário com meu irmão. Esse afastamento dos meus pais gerou longos desdobramentos. Embora eu tenha uma relação com os dois atualmente, ela é distante.

O primeiro lar temporário para onde fui, foi uma catástrofe. Ocorriam abusos terríveis naquela casa e eu finalmente fui removido. Fui acolhido por outra família adotiva e morei com eles nos dez anos seguintes. Essa é a família que eu mencionei no primeiro capítulo. Foi uma bênção ter um lugar para morar, mas não era a mesma coisa de ter um lar e uma família. Eu experimentei um novo tipo de rejeição quando essa família me expulsou de casa após eu ousar compartilhar minha nova fé em Cristo.

Eu realmente sei o que significa ser rejeitado – ter pessoas dando as costas para você e indo embora. Quando olho para meus filhos, não consigo me imaginar fazendo isso. Mesmo o amor imperfeito que sinto por eles e pela minha família poderia garantir que eu nunca conseguiria excluí-los ou abandoná-los.

Esse abandono parental, alguns dizem, é exatamente o que Deus fez com a nação de Israel. Algumas vezes, Ele fala sobre os judeus como um marido fala sobre sua esposa. Em outras, Ele fala dos judeus como um pai fala sobre seus filhos. Como poderia Deus, cujo amor é perfeito e tão maior do que o meu, dar as costas para sempre àqueles que são Dele?

Por que Deus escolheu Israel?

Por que, dentre todas as nações da Terra, Deus escolheu Israel? Por que não uma nação maior – ou mais obediente? Por que não uma nação que sabe como conviver melhor com as outras?

Por que Israel?

As pessoas tentam responder a essa questão há séculos. Criaram teorias, desenvolveram cenários e construíram grandes torres de razão e lógica. O problema com todos esses pensamentos "brilhantes" é que a pergunta está errada.

Por que Israel? Não há uma grande resposta para isso. A pergunta que deveríamos estar fazendo é "Por que Deus sequer *escolheu* alguém?"

A razão dessa escolha não está com quem foi escolhido, mas em Quem fez a escolha. Além disso, quando começamos a perguntar para Deus "Por quê?", podemos nos encontrar em águas profundas. E, quando menos percebermos, Deus estará nos perguntando "Onde estava *você*?", e nós estaremos nos arrependendo em pó e cinzas – pergunte para Jó.

A escolha de Deus, também chamada de "eleição", é puramente um transbordar de Sua soberania. Ele viu, Ele determinou, Ele escolheu. Isso significa que a eleição não é de forma alguma baseada em performance. Não há nada que Israel tenha feito que fez com que ela fosse a nação escolhida. Eles não eram mais santos, mais sábios, mais ricos, mais poderosos ou mais divertidos que outros. Na verdade, quando Deus escolheu Israel, "eles" eram apenas "ele" – um homem, Abraão –, um exilado sem nação ou sem propriedades. Ele não tinha realizado grandes feitos; ele não tinha conquistado nenhum déspota ou derrotado nenhum dragão, ou feito qualquer outra coisa digna de nota. A eleição de Abraão foi sobre Deus e Seu plano divino.

Como Israel não fez nada para serem "os eleitos", também não havia nada que eles pudessem fazer para se tornarem os "não eleitos". Se não fosse assim, a eleição seria baseada em desempenho. Se você for bom, continua eleito. Se for mau, se torna um "não eleito". Essa eleição centrada no homem não é o que encontramos nas Escrituras. Eleição é uma questão da vontade de Deus – do início ao fim.

Então, por que Israel em lugar de qualquer outra pessoa ou nação? Em Romanos 9, Paulo nos leva de volta ao nascimento dos netos de Abraão. Rebeca, nora de Abraão, estava grávida de gêmeos. Foi uma gravidez difícil, e os bebês dentro dela pareciam estar constantemente brigando. Ela ficava tão incomodada com isso que pediu uma explicação para Deus. A resposta Dele é fascinante: "Respondeu-lhe o Senhor: Duas nações há no teu ventre, dois povos, nascidos de ti, se dividirão: um povo será mais forte que o outro, e o mais velho servirá ao mais moço" (Gênesis 25:23).

Antes mesmo de essas crianças nascerem, Deus anunciou que Ele havia determinado quebrar convenções costumeiras e exaltar o filho mais novo em relação ao mais velho. Por quê? Porque Ele quis. Paulo usou até uma linguagem mais forte ao falar sobre esses dois irmãos: "Como está escrito: Amei Jacó, porém me aborreci de Esaú" (Romanos 9:13).

O apóstolo então continua, referindo-se à acusação de que é injusto ou incorreto Deus escolher um irmão a outro:

> Que diremos, pois? Há injustiça da parte de Deus? De modo nenhum! Pois ele diz a Moisés: Terei misericórdia de quem me aprouver ter misericórdia e compadecer-me-ei de quem me aprouver ter compaixão. Assim, pois, não depende de quem quer ou de quem corre, mas de usar Deus a sua misericórdia.
>
> Romanos 9:14-16

Deus elegeu Israel para ser Seu povo escolhido porque Ele é Deus. Em Sua sabedoria, compaixão, misericórdia e profundo, infinito amor, Ele determinou que aquele homem, Abraão, seria o pai da nação que Ele um dia chamaria de Sua esposa (ver Jeremias 31:31-32; Oseias 2:16, 19-20).

Por que Deus escolheu alguém?

Deus é o Criador de todas as coisas e Ele tem um amor apaixonado por Sua criação. Em um dos versículos mais famosos da Bíblia, lemos: "Porque Deus amou ao mundo de tal maneira que deu o seu Filho unigênito, para que todo o que nele crê não pereça, mas tenha a vida eterna" (João 3:16). Se Deus ama o mundo inteiro, então por que Ele sentiu que era necessário designar uma nação como especial ou única?

Para responder a esta questão, precisamos voltar primeiramente ao motivo pelo qual Deus criou a humanidade. Qualquer um que tenha estudado o *Breve Catecismo de Westminster* do século XVII será rápido em sua resposta: "O principal propósito do homem é glorificar a Deus, e se deleitar nele para sempre"[1]. Deus nos criou para que, como resposta, glorificássemos a Ele.

Glorificar alguém não significa apenas louvá-lo ou falar bem dele. Nós glorificamos a Deus pela maneira como vivemos e como O louvamos; esses dois elementos juntos formam o que é a verdadeira adoração. Como esses dois aspectos precisam estar presentes, as Escrituras nunca falam sobre não-cristãos glorificando a Deus. Com certeza, há um tempo futuro quando Deus promete: "Como está escrito: Por minha vida, diz o Senhor, diante de mim se dobrará todo joelho, e toda língua dará louvores a Deus" (Romanos 14:11, citando Isaías 45:23). Mas o dobrar os joelhos e o louvar se referem a um tempo em que todos serão julgados. Muitos perceberão tarde demais como foi errada sua rejeição a Deus durante toda a sua vida.

Para Deus ser glorificado, aqueles que verdadeiramente creem Nele devem glorificá-Lo. Para existirem aqueles que creem em Cristo, também deve haver aqueles que levam as pessoas até Ele. Essa era a missão do povo judeu – e o motivo para Deus fazer uma escolha.

Paulo, usando palavras de Isaías 52, escreveu:

> Como, porém, invocarão aquele em quem não creram? E como crerão naquele de quem nada ouviram? E como ouvirão, se não há quem pregue? E como pregarão, se não forem enviados? Como está escrito: Quão formosos são os pés dos que anunciam coisas boas!
>
> Romanos 10:14-15

Israel deveria ser uma luz que erradia, um farol em uma colina. Isso é algo importante para entendermos. Israel não foi escolhido por seu próprio bem, mas pelo bem do resto do mundo. Isaías escreveu: "Eu, o Senhor, te chamei em justiça, tomar-te-ei pela mão, e te guardarei, e te farei mediador da aliança com o povo e luz para os gentios" (Isaías 42:6). Depois, o profeta novamente recordou: "Pouco é o seres meu servo, para restaurares as tribos de Jacó e tornares a trazer os remanescentes de Israel; também te dei como luz para os gentios, para seres a minha salvação até à extremidade da terra" (Isaías 49:6).

Deus tinha um propósito a ser cumprido por Israel em Sua estratégia maior de criar "glorificadores". Quando esse propósito for cumprido completamente, não haverá mais necessidade de um Israel separado. A nação terá cumprido seu chamado. Isso ainda não aconteceu. Como Paulo escreve, "Porque não quero, irmãos, que ignoreis este mistério (para que não sejais presumidos em vós mesmos): que veio endurecimento em parte a Israel, até que haja entrado a plenitude dos gentios" (Romanos 11:25). Mesmo hoje, o impacto do povo histórico de Israel está sendo usado por Deus para levar os gentios (o restante do mundo) para Cristo.

Ferramentas nas mãos do construtor

Quando eu realizo *tours* em Israel, sempre garanto a parada em uma das muitas lojas de madeira de oliveira. Ali, visitantes podem encontrar figuras lindamente esculpidas, retratando desde Moisés e os Dez Mandamentos, os espias israelitas carregando enormes cachos de uva em uma vara, até uma réplica detalhada de A Última Ceia. Poucos deixam as lojas sem comprar ao menos uma das centenas de lindas cenas da Natividade que são oferecidas em todos os tamanhos e preços. A beleza desses souvenirs é particularmente notável, quando pensamos no produto bruto de onde eles foram esculpidos.

A oliveira é uma imagem áspera e torcida. Quando comparada à simetria do carvalho, ao caráter do salgueiro ou à majestade da sequoia, a pobre oliveira empalidece. Mas isso acontece apenas com os olhos não treinados.

Permita que o artesão observe uma oliveira, e ele verá não o que ela é, mas o que ela pode ser. Ele sabe que, escondida sob a casca de árvore grossa e escarpada, está uma madeira lindamente marmorizada. O artista habilidoso vai pegar o que parece não ser nada para um leigo, começar a trabalhar com suas ferramentas e criar uma maravilhosa obra de arte.

Antes de você se adiantar, preciso dizer que Israel não é a "maravilhosa obra de arte" nesta ilustração. Embora seja verdade que a analogia de fazer algo maravilhoso a partir de materiais que outros jogariam fora também sirva para o povo judeu, neste contexto, Deus é o artesão, Israel é o conjunto de ferramentas e a Igreja é a maravilhosa obra de arte. Sem Deus usar habilmente Israel no mundo dos gentios, a Igreja não seria o que é hoje.

Quais foram as ferramentas usadas por Deus?

Em primeiro lugar, a lei foi dada por meio dos judeus. Embora muitas pessoas vejam a lei e a graça como opostas, as duas na verdade caminham lado a lado. Paulo diz que era necessário que a lei viesse para que pudéssemos ver que somos pecadores: "Mas eu não teria conhecido o pecado, senão por intermédio da lei; pois não teria eu conhecido a cobiça, se a lei não dissera: Não cobiçarás" (Romanos 7:7). A lei foi dada para conduzir as pessoas a Cristo.

A lei foi necessária para que o mundo soubesse que Deus espera um certo padrão de comportamento de Seu povo. Quando nos desviamos desse padrão, há consequências – principalmente em nosso relacionamento com Deus: "porque o salário do pecado é a morte, mas o dom gratuito de Deus é a vida eterna em Cristo Jesus, nosso Senhor" (Romanos 6:23). A lei nos mostra que temos um problema de pecado que precisa de uma solução. A solução é Jesus Cristo, nosso Senhor.

Sem Israel, sem lei. Sem lei, sem reconhecimento do problema do pecado. Sem reconhecimento do problema do pecado, sem necessidade aparente de Cristo. Embora seja verdade que não estamos sob a lei atualmente, foi necessária a lei – e o cumprimento dela por meio de Cristo – para nos trazer a este ponto de liberdade:

> Porque, quando vivíamos segundo a carne, as paixões pecaminosas postas em realce pela lei operavam em nossos membros, a fim de frutificarem para a morte. Agora, porém, libertados da lei, estamos mortos para aquilo a que estávamos sujeitos, de modo que servimos em novidade de espírito e não na caducidade da letra.
>
> Romanos 7:5-6; cf. Mateus 5:17

A segunda ferramenta judaica que o Mestre Artesão usou para criar a Igreja foi sua crença em um único Deus. O monoteísmo (mono = um; theos = deus) foi a visão espiritual original no mundo. No Éden, Adão e Eva não estavam com o Senhor Deus caminhando "no jardim pela viração do dia" (Gênesis 3:8), enquanto passavam o resto do seu tempo com vários outros deuses que estavam passando por acaso. Desde o início, havia a crença em um único Deus.

No entanto, a população começou a crescer e se espalhar, e Satanás começou a agir. Logo, a ideia de vários deuses ganhou espaço e, exceto em uma curta janela de tempo logo após o Dilúvio, o politeísmo nunca desapareceu. O próprio Abraão estava vivendo uma vida politeísta, até que o único Deus verdadeiro o chamou para segui-Lo.

Moisés enfatizou a singularidade da Divindade quando escreveu o *Shema*, o início da oração mais linda e poderosa de toda a Escritura: "Ouve, Israel, o Senhor, nosso Deus, é o único Senhor" (Deuteronômio 6:4). Essa ousada convicção, declarada para um mundo politeísta, separou Israel de todas as outras nações. Esta fé monoteísta estabeleceu a fundação do cristianismo e o incrível conceito de um único Deus ser manifesto em três pessoas – o Pai, o Filho e o Espírito Santo.

Um último motivo por que Deus usou Israel para moldar a Igreja, foi porque, por meio dessa frustrante nação rebelde, somos capazes de enxergar a profundeza de Seu amor e graça. Em toda a história de Israel, ocorre um ciclo contínuo de pecado/punição/arrependimento/perdão/restauração. Essa nação, que havia visto o único Deus verdadeiro trabalhar poderosamente tantas vezes e de tantas formas diferentes, sempre parecia querer encontrar um motivo para seguir outros deuses. Os profetas comumente usavam uma ilustração de uma mulher infiel se afastando de seu marido para representar a intensidade desta rebelião. Ezequiel 16 vai ainda mais longe, mostrando Israel não apenas como uma esposa que abandonou seu marido por outro, mas como uma esposa que foi para a prostituição. Quando esse estilo de vida não a satisfez, ela começou a pagar para outros dormirem com ela. A história é difícil, feia e, definitivamente, para quem tem estômago forte. Mas, no final, vemos Deus a acolhendo de volta, perdoando-a, renovando Sua aliança e amando-a.

Esse relato da poderosa graça de Deus é repetido em todo o Antigo Testamento, de Oseias a Jonas e a Isaías. Na verdade, é muito raro encontrar uma passagem profética em que Deus promete punição sem estender também a esperança de restauração.

Uma das mais belas imagens da maravilhosa graça de Deus ocorre nos cinco capítulos do livro de Lamentações. O profeta Jeremias estava perturbado ao testemunhar a destruição de Jerusalém pelos exércitos babilônicos do rei Nabucodonosor. Seu horror e desespero foram canalizados para sua escrita, e ele escreveu uma série de poemas tragicamente belos. Ele conseguiu se manter firme durante as primeiras duas canções de lamento, mas se derramou a partir da terceira. Era algo muito pesado, de quebrar o coração. Então, ele lançou seu salva-vidas, e Deus o segurou na outra ponta.

> Quero trazer à memória,
> O que me pode dar esperança.
> As misericórdias do Senhor são a causa de não sermos consumidos,
> Porque as Suas misericórdias não têm fim.
> Renovam-se cada manhã;
> Grande é a Tua fidelidade.
> "A minha porção é o SENHOR", diz a minha alma;
> "Portanto, esperarei Nele!" [...]
> O Senhor não rejeitará para sempre.
> Pois, ainda que entristeça a alguém,

> Usará de compaixão
> Segundo a grandeza das Suas misericórdias.
> Porque não aflige,
> nem entristece de bom grado os filhos dos homens.
> Lamentações 3:21-24, 31-33

Após esse lembrete do amor infinito de Deus, Jeremias pôde voltar para ver a destruição da Cidade Santa, seguro no conhecimento de que Deus não abandona os que são Dele. A história de Israel nos ensina essa verdade maravilhosa.

Você consegue imaginar pais "desadotando" uma criança? Isso é exatamente o que algumas pessoas acreditam que Deus fez com Israel. Certamente eles eram tão maus e rebeldes que Deus finalmente havia "se cansado"; eles haviam ultrapassado os limites de Sua graça e perdão. No entanto, as Escrituras nos dizem o contrário. Tanto no Antigo quanto no Novo Testamento, vemos um Deus que nunca abre mão.

Eu sei como é se sentir abandonado pelos pais. Eu conheço a dor e o medo de sentir como se você estivesse sozinho. Com meu Deus, eu nunca estarei sozinho. Ele me adotou como Seu filho, e Ele nunca me expulsará, nem a mim nem a ninguém de Sua família.

A história espiritual de Israel deveria ser um encorajamento incrível para os cristãos. Quando pecamos e nos rebelamos, Ele exercerá disciplina – e isso pode deixar a vida desagradável por algum tempo. Mas quando finalmente voltamos à razão e nos voltamos para Ele, Ele estará lá de braços abertos, como o pai do filho pródigo, esperando Seu filho voltar para casa e para Ele (ver Lucas 15:20).

Israel ainda é escolhida por Deus?

Israel foi escolhida por Deus para um relacionamento especial. Desse relacionamento veio um propósito especial: conduzir as pessoas a Jesus Cristo. Acabamos de ver como Deus usou esse povo efetivamente para alcançar tal objetivo. Porém, e quanto a Israel atualmente?

Uma crença popularmente difundida, principalmente dentro da tradição Reformada da Igreja, é de que Deus já encerrou Seu trabalho com Israel. Há duas escolas de pensamento aqui. Existem aqueles que acreditam que a rebelião constante de Israel levou Deus ao Seu limite, e que a rejeição deles em relação ao Messias foi a última gota. O Supersessionismo, mais conhecido como Teologia da Substituição, caracteriza-se por inserir o termo *Igreja* sempre que Israel é mencionada no Novo Testamento após o Pentecostes e atribui à Igreja as alianças do Antigo Testamento.

Uma segunda visão, um pouco mais suave, surge da Teologia da Aliança. Essa visão afirma que Deus nunca teve a intenção de que Israel fosse uma entidade permanentemente distinta. Desde a época de Abraão, Deus via a nação como a Igreja. Quando a Antiga Aliança foi suplantada pela Nova Aliança, por meio da obra de Jesus na cruz, a Igreja finalmente pôde romper sua identidade nacionalista e se tornar o único povo de Deus, formado por judeus e gentios, o que ela sempre foi destinada a ser.

Seja da Substituição ou da Aliança, a visão resultante da nação moderna de Israel é a mesma: é uma nação como qualquer outra nação. Embora seja benéfico do ponto de vista geopolítico apoiar Israel, de uma perspectiva espiritual a Igreja não deveria sentir uma conexão ou lealdade. Os adeptos rapidamente apontam que são tradições antigas, voltando até a Igreja Primitiva. Isso é verdade. O movimento para remover Israel dos planos de Deus nasceu no primeiro século. O apóstolo Paulo viu isso acontecer e repreendeu aqueles que acreditavam em tal movimento.

Paulo compreendia muito claramente a rebeldia de Israel. Eles tinham a lei; eles tinham visto as obras de Deus em primeira mão. Israel só existia como nação por causa de Suas inúmeras intervenções e, ainda assim, eles deram as costas para Ele. Após usar as palavras do Messias para elogiar os gentios por aceitarem a verdade do Salvador, Paulo escreve: "Quanto a Israel, porém, diz: Todo o dia estendi as mãos a um povo rebelde e contradizente" (Romanos 10:21).

Para essa nação emergente, tais palavras soam de maneira muito fria. Mas Paulo sabia desde o início que suas palavras poderiam ser completamente mal compreendidas e mal interpretadas, principalmente por aqueles que já tinham pressuposições antijudaicas. É por isso que, se você continuar lendo, Paulo deixa claro que as pessoas não devem tentar excluir Israel tão rapidamente:

> Pergunto, pois: terá Deus, porventura, rejeitado o seu povo? De modo nenhum! Porque eu também sou israelita da descendência de Abraão, da tribo de Benjamim. Deus não rejeitou o seu povo, a quem de antemão conheceu.
> Romanos 11:1-2

Deus não rejeitou o Seu povo. Paulo não poderia ter deixado isso mais claro. Israel existe como um grupo único de pessoas com um relacionamento especial com Deus e uma parte distinta de Seu plano.

Algumas pessoas argumentam que não pode haver um plano distinto para Israel porque a salvação não é pela lei, mas por Jesus Cristo. Para isso eu digo: "Exatamente!" Os judeus têm um relacionamento especial com o Senhor e um plano distinto, mas não um caminho separado para a salvação. Todos somos salvos ao aceitar individualmente o que Jesus fez na cruz. Os judeus não são salvos ao seguirem a lei. Os judeus não são salvos por serem judeus. Eles são, entretanto, o único povo que experimentará uma salvação nacional. Essa salvação virá apenas quando o avivamento se espalhar entre os judeus que sobreviverem à tribulação e individualmente se comprometerem com o Senhor. Para aqueles que duvidam desse evento, Paulo escreveu:

> Porque não quero, irmãos, que ignoreis este mistério (para que não sejais presumidos em vós mesmos): que veio endurecimento em parte a Israel, até que haja entrado a plenitude dos gentios. E, assim, todo o Israel será salvo.
> Romanos 11:25-26

Não é possível existir uma resposta mais clara para aqueles que pensam que Deus se esqueceu de Seu povo.

Como começou esse mal-entendido sobre o relacionamento entre Deus e Israel? Podemos apenas especular. Talvez fosse uma reação dos judaizantes da Igreja do primeiro século. Esse grupo particular de judeus agarrava-se à crença de que, para os cristãos gentios, a cruz não era o suficiente; eles também precisavam seguir a Lei Mosaica, particularmente nas áreas da circuncisão e leis alimentares. Essa heresia baseada em obras se espalhou rapidamente pela Igreja, ao ponto de criar a necessidade de um concílio especial, que foi realizado em Jerusalém. Nessa reunião entre muitos dos apóstolos e líderes dessa Igreja novata, Pedro se levantou e confrontou aqueles que estavam tentando sobrecarregar os gentios com a Lei Mosaica:

> Agora, pois, por que tentais a Deus, pondo sobre a cerviz dos discípulos um jugo que nem nossos pais puderam suportar, nem nós? Mas cremos que fomos salvos pela graça do Senhor Jesus, como também aqueles o foram.
>
> Atos 15:10-11

Em outras palavras, se os próprios judeus não conseguiam seguir a lei, por que eles esperariam que os gentios conseguissem? A salvação vem apenas pela graça de Deus.

A maneira como os judeus tratavam os gentios nos primeiros dias da Igreja pode ter provocado algum ressentimento. Talvez o antigo antissemitismo também estivesse por trás do desejo de remover os judeus dos planos de Deus. De qualquer forma, desde a época de Abraão, não houve nenhum período em que Israel não fosse odiado e maltratado. O primeiro século foi apenas a primeira vez em que as pessoas puderam dar a esse ódio uma aparência bíblica. Adicione a esse desprezo histórico o senso judeu de superioridade nacional, e o massacre estava apenas esperando para acontecer.

Pense nisso. Por que os Estados Unidos da América são amados por alguns e odiados por muitos outros ao redor do mundo? Porque

Deus deu a eles um lugar na história que é único e maravilhoso. Ele abençoou o país com riqueza e poder o bastante para exercer sua influência em todo o mundo. Só isso já provoca inveja entre outras nações. Junte isso à atitude de excepcionalidade demonstrada pela maioria dos norte-americanos, e o ressentimento aumenta.

Os judeus do primeiro século haviam esquecido que eram excepcionais somente porque Deus os havia feito assim. De forma simples, eles começaram a acreditar em sua própria força. João Batista confrontou essa arrogância quando, ao ver os fariseus e saduceus, ele disse: "e não comeceis a dizer entre vós mesmos: Temos por pai a Abraão; porque eu vos afirmo que destas pedras Deus pode suscitar filhos a Abraão" (Mateus 3:9). Os gentios olharam para essa superioridade autodeclarada e realmente se ressentiram.

Infelizmente, a reputação que o povo judeu tem de ser arrogante e indiferente não é completamente infundada. Deus formulou sua excepcionalidade nacional, e eles se tornaram presunçosos por isso. Quando Jesus chamou a atenção deles, dizendo-lhes que estavam se perdendo do motivo de seu chamado, e os desafiou a serem melhores, eles se livraram Dele.

A resistência deles em mudar de atitude e abraçar a verdadeira natureza de seu chamado pode ser vista em um evento que aconteceu um pouco antes da crucificação de Jesus. De acordo com a tradição, o governador romano iria libertar um prisioneiro na Páscoa. Pilatos ofereceu uma escolha aos judeus. Uma opção era Jesus, cujo nome significa "Deus salva". Ele era o único Filho do Pai, e veio para liderar o mundo para a verdade. O segundo homem também era chamado de Jesus – "Deus salva" – com o sobrenome de Barrabás – "filho do pai".

Dois homens – ambos nos lembrando de que Deus salva, ambos filhos do pai. E entre esses dois homens, os judeus escolheram libertar aquele que não pediria a eles que mudassem, aquele que não iria desafiar seus pressupostos e permitiria que eles continuassem arrogantes e indiferentes.

Em parte, Israel é definitivamente responsável por sua reputação. Isso não quer dizer que os judeus merecessem o tratamento que receberam ao longo do tempo. Apenas o perseguidor é responsável pelos atos de perseguição. Assim como os judeus negligenciaram o reconhecimento de que Deus, e não sua própria singularidade, era a razão por que eles foram escolhidos, assim também fizeram os gentios da Igreja. Uma arrogância e superioridade resultante de ser a Nova Aliança alimentou o ressentimento dos gentios em relação àqueles da Antiga Aliança.

Paulo viu esse perigo crescendo na Igreja. Ele se referiu a tal perigo utilizando a ilustração de uma oliveira. Muitos dos judeus – os ramos originais da árvore – foram removidos por causa da descrença, enquanto muitos gentios foram enxertados. Retira-se o velho, entra o novo. Quando esses novos ramos começaram a pensar que eram especiais, suplantando a velha guarda, Paulo admoestou:

> Se, porém, alguns dos ramos foram quebrados, e tu, sendo oliveira brava, foste enxertado em meio deles e te tornaste participante da raiz e da seiva da oliveira, não te glories contra os ramos; porém, se te gloriares, sabe que não és tu que sustentas a raiz, mas a raiz, a ti.
>
> Romanos 11:17-18

Ao invés de se ressentir ou desdenhar de suas raízes judaicas, a Igreja deveria celebrar suas origens.

Os perigos de entender Israel erroneamente

Apesar do esclarecimento que Paulo traz sobre a questão da eleição contínua de Israel, muitos ainda rejeitam essa verdade. É difícil não enxergar a mão do inimigo nessa cegueira em certos segmentos da Igreja. Desde o início, Satanás buscou destruir o povo judeu. Quando ele viu que isso era impossível, tentou um caminho diferente: tornar Israel irrelevante. Essa marginalização se enraizou fortemente por meio da hermenêutica alegórica de Orígenes (terceiro século), consolidou-se na Igreja por meio de

Agostinho (quarto século) e se fixou na Reforma, por meio de Martinho Lutero (século XVI).

Ao longo de toda a história, Deus disse para Seu povo, judeus e gentios: "Deem-me uma razão para abençoar vocês, e eu o farei!". Ele disse isso para os judeus no tempo dos juízes; Ele disse isso quando "Veio para o que era seu, e os seus não o receberam" (João 1:11); e Ele disse isso todas as vezes que lemos um "mas" ou um "contudo" entre os profetas do Antigo Testamento.

Para verdadeiramente compreender Deus, precisamos ter um entendimento preciso sobre o povo de Israel. Isso significa não pensar nem de mais nem de menos a respeito deles. É teologicamente prejudicial e doutrinariamente perigoso pensar que Israel não seja nada, ou que Israel seja tudo.

Certa vez, conversei com um pastor que era muito focado em Israel. Todo o seu ministério girava em torno de realizar as festas judaicas e estudar a lei. Enquanto conversávamos, ele me disse que acredita que há uma aliança dupla para a salvação. Enquanto os gentios são salvos pela obra de Jesus na cruz, Israel não precisa de Jesus por causa de seu status especial diante de Deus. Que heresia perigosa!

Esse pastor não está sozinho em seu modo de pensar. Em dezembro de 2015, a Comissão Vaticana para as Relações Religiosas com o Judaísmo publicou um artigo chamado "Os dons e o chamado de Deus são irrevogáveis". Nesse artigo, a Igreja Católica Romana deixa clara sua crença de que os judeus podem ser salvos sem crer em Jesus Cristo.

> Que os judeus são participantes na salvação de Deus é teologicamente inquestionável, mas de que forma isso pode ser possível sem confessar a Cristo explicitamente, é e permanece um mistério divino insondável.[2]

Uma vez que a necessidade de Jesus pode ser removida de um povo, ela pode ser removida de outros. Uma das principais estratégias do Vaticano é tornar todos parte da Igreja Católica;

como mencionamos anteriormente, a palavra *católico* significa "universal". Esse esforço, posicionado sob a aparência politicamente correta do ecumenismo, particularmente pelo atual líder do catolicismo, o Papa Francisco, coloca o foco no evangelho das Bem-aventuranças, e não no verdadeiro Evangelho. É um evangelho social – um sistema de obras que traz uma sensação boa e custa pouco. E é a base da religião mundial única que será anunciada durante o fim dos tempos.

É realmente um grande perigo ter Israel em alta conta, mas é igualmente perigoso desprezá-lo. Se a Igreja desconsidera a nação judaica, falhará em sua responsabilidade com o povo escolhido de Deus. Assim como Israel tinha um dever com a Igreja, como vimos acima, igualmente a Igreja tem uma obrigação com Israel.

Essa obrigação se manifesta de duas maneiras. Primeiro, a Igreja deve provocar ciúmes de Israel. Embora não seja um costume em Israel, sair juntos é uma parte importante do namoro em muitas culturas. Imagine que uma moça e um rapaz estejam saindo juntos; vamos chamá-los de Sue e Benny. O problema é que Sue não trata Benny muito bem. Ela está sempre flertando com outros caras, ignorando Benny e falando mal dele. Sue acha que consegue fazer o que quiser, porque é namorada de Benny, e Benny é tão leal que um golden retriever poderia aprender algumas coisas com ele. Então, certo dia, uma nova moça chama a atenção de Benny. Essa nova moça o respeita e o trata bem. Repentinamente, a vida muda para Sue. Benny e a nova moça começam a passar um tempo juntos, e Sue está do lado de fora. Ela percebe como o que ela tinha com Benny era bom. Ela percebe que, de alguma forma, a vida dele conseguiu continuar sem ela, e ela só quer conquistá-lo de volta.

Isso é Romanos 11. A forma como Israel trata Deus é terrível. Quando o Senhor volta Sua atenção à Igreja, a esperança e oração de Paulo são para que os judeus, ao verem que não são mais a menina dos olhos Dele, percebam seu erro e queiram reconquistar seu lugar de privilégio.

> Pergunto, pois: porventura, tropeçaram para que caíssem? De modo nenhum! Mas, pela sua transgressão, veio a salvação aos gentios, para pô-los em ciúmes. Ora, se a transgressão deles redundou em riqueza para o mundo, e o seu abatimento, em riqueza para os gentios, quanto mais a sua plenitude! Dirijo-me a vós outros, que sois gentios! Visto, pois, que eu sou apóstolo dos gentios, glorifico o meu ministério, para ver se, de algum modo, posso incitar à emulação do meu povo e salvar alguns deles.
>
> Romanos 11:11-14

Em vez de dar as costas para o povo da nação escolhida de Deus, a Igreja deve orar para que Israel veja o que está faltando ao não confiar no simples evangelho da graça pela fé. O desejo da Igreja deveria ser reacender a paixão que Israel certa vez tinha por Deus, para que retornem ao seu primeiro amor. Quando foi moldada por Israel, a Igreja se tornou a ferramenta que o Mestre Artesão usa para criar algo novo a partir de Seu povo originalmente escolhido.

A segunda obrigação da Igreja é vista adiante, em Romanos. Quando Paulo encerra sua carta, ele fala sobre seus planos futuros. Embora tivesse gostado de visitar a igreja romana, ele tinha outras obrigações:

> Mas, agora, estou de partida para Jerusalém, a serviço dos santos. Porque aprouve à Macedônia e à Acaia levantar uma coleta em benefício dos pobres dentre os santos que vivem em Jerusalém. Isto lhes pareceu bem, e mesmo lhes são devedores; porque, se os gentios têm sido participantes dos valores espirituais dos judeus, devem também servi-los com bens materiais.
>
> Romanos 15:25-27

A vida era muito difícil para os judeus que criam em Cristo e que moravam em Jerusalém. A perseguição era intensa, o que tornava o alimento escasso. As igrejas gentias souberam da necessidade e se propuseram a ajudar. Os motivos para ajudar os judeus são interessantes. Primeiro, os agradava fazê-lo. Eles viram irmãos e irmãs em Cristo em necessidade e ficaram felizes em se sacrificar por eles. Segundo, eles deviam isso aos cristãos em Jerusalém. Como as bênçãos espirituais para os gentios vinham dos judeus, eles perceberam que os judeus deveriam receber bênçãos materiais deles.

Essa dívida dura até hoje. Israel "destravou" as bênçãos espirituais de Deus. Por meio dos judeus, Ele deu Sua verdade para o mundo. Essa é uma doutrina atemporal. Essas bênçãos espirituais também não acabaram; na verdade, elas são renovadas a cada novo cristão que responde à verdade de que Deus se revelou por meio da nação judaica. Como resultado, a Igreja tem um dever de apoiar Israel financeiramente.

Eu não estou dizendo que a Igreja é obrigada a enviar cheques todos os meses para o governo de Israel. Mas se não há nenhum ministério judeu incluído no orçamento de missões da igreja, ela não está cumprindo com suas obrigações espirituais. Isso também é verdade para o indivíduo cristão. Todos os cristãos gentios deveriam estar sustentando financeiramente um ministério direcionado aos judeus ou liderado por judeus. Existem muitos ministérios excelentes que estão realmente fazendo a obra de Deus. Com oração e um pouco de pesquisa online, os cristãos podem facilmente separar o trigo do joio. Isso é obediência, e isso é realmente o louvor por meio da doação.

Israel, o teste espiritual decisivo para a Igreja

A nação de Israel foi escolhida por Deus para levar as pessoas a Cristo. Conforme o tempo transcorreu, o Senhor transformou os judeus de primariamente um povo escolhido, para ser um povo que escolhe. A ênfase não está mais em sua singularidade, mas sim na necessidade de escolher Deus para serem salvos. Sua eleição não os salva; sua decisão de se comprometerem com Cristo, sim. O Novo Testamento deixa isso claro.

A Igreja seguiu um caminho oposto. Indivíduos cristãos deixam de ser o povo que escolhe e passam a ser o povo escolhido. Conforme as pessoas decidem entregar suas vidas para Jesus, elas se tornam parte de uma nação:

> Vós, porém, sois raça eleita, sacerdócio real, nação santa, povo de propriedade exclusiva de Deus, a fim de proclamardes as virtudes daquele que vos chamou das trevas para a sua maravilhosa luz; vós, sim, que, antes, não éreis povo, mas, agora, sois povo de Deus, que não tínheis alcançado misericórdia, mas, agora, alcançastes misericórdia.
>
> 1 Pedro 2:9-10

A missão de Israel de levar as pessoas a Cristo agora foi dada para a Igreja.

Israel perdeu o favor de Deus? Sim. Deus rejeitou Sua nação eleita? Com certeza, não. Deus parou de amar Seu povo escolhido? Nunca. A Igreja também não deve parar de amar o povo judeu.

A forma como a Igreja trata Israel é um teste decisivo de sua temperatura, prontidão e doutrina. Um Israel rejeitado revela uma Igreja doente. Não é possível amar a Deus e odiar aquilo que Deus ama. Se você odeia o que Deus ama, você acabará amando o que Deus odeia. Senhor, proteja Tua Igreja de tal destino.

6

O ENGANO DAS NAÇÕES

Ninguém gosta de ser enganado. Aquele momento em que você descobre que alguém esteve te enganando é vergonhoso e enfurecedor. *Eu deveria ter visto*, você se condena. *Como eu não percebi?* Não importa quanto tentemos avaliar a verdade e discernir as motivações das pessoas, às vezes simplesmente somos levados.

Infelizmente, ninguém mais fica surpreso quando a mídia é flagrada agindo intencionalmente para enganar. Essa desonestidade é vista mais claramente quando a mídia fala sobre o cristianismo e Israel. Eles verdadeiramente são os "midianitas" – sempre lutando contra Deus e Seu povo. No entanto, esses midianitas não estão agindo por conta própria. Eles estão sendo usados.

Como vimos anteriormente, Satanás é um enganador, e seu objetivo é enganar as nações. Sobre ele, Jesus disse: "Ele foi homicida desde o princípio e jamais se firmou na verdade, porque nele não há verdade. Quando ele profere mentira, fala do que lhe é próprio, porque é mentiroso e pai da mentira" (João 8:44). Hoje, uma das principais ferramentas que ele possui para realizar seus planos é a mídia global. Seja impressa, na internet, ou as ondas aéreas (afinal, Satanás é chamado de o "príncipe das potestades do ar" [Efésios 2:2]), o inimigo é mestre em fazer com que suas mentiras entrem pelos olhos e ouvidos da população mundial.

Em março de 2015, os israelenses foram às urnas e reelegeram Benjamin Netanyahu como primeiro-ministro. As pessoas ao redor do mundo ficaram chocadas. Como Israel não se livrou desse homem linha-dura? Eles não queriam ser aceitos pelo mundo? Eles não queriam paz e segurança? Esperança e prosperidade? A reeleição de Netanyahu só poderia significar alienação contínua do Ocidente e perigo de todos os lados.

Pelo menos, era isso que a mídia estava dizendo. E quanto mais a mídia dizia, mais as pessoas acreditavam nela. Uma mentira, se repetida por vezes o bastante, acaba ganhando espaço. Satanás não está preocupado com a verdade; ele deseja a vitória. E ele tem cúmplices que pensam da mesma forma na mídia atual para ajudá-lo a alcançar esse objetivo.

A verdade é que Israel nunca esteve mais saudável. Nunca esteve melhor em termos financeiros e de segurança. A manufatura e a agricultura continuam crescendo, e a quase recente descoberta de enormes quantidades de gás natural rendeu à nação um papel mundial importante no campo da geração de energia.[1]

A mídia vendeu a mentira de que desespero e medo são tudo o que você encontra em Israel, e as nações acreditaram.

O mestre enganador

Enganar é saber a verdade, mas escolher falar a mentira para as pessoas. Se você não conhece a verdade e diz algo que não é verdadeiro, você está simplesmente errado. No entanto, falar uma inverdade intencionalmente faz de você um enganador.

Satanás conhece a verdade. Ele sabe quem Deus é. Ele já viu Seu infinito poder em ação; ele conhece a Bíblia e sabe seu fim. Não há esperança para ele. Não há "e se" ou movimentos estratégicos que podem levá-lo à vitória. Qualquer esperança, propósito, paz ou sentido que ele oferece para o mundo longe de Deus é um engano intencional. Quaisquer distrações que ele usa para atrair as pessoas para longe de Deus ou promessas que ele faz de uma vida satisfatória são simplesmente más. Satanás conhece seu destino final, e ele está determinado a levar o máximo de pessoas possível com ele.

Satanás engana indivíduos a fim de levá-los para longe de Deus. Ele detém, ainda, enganos maiores, que operam em uma escala global – uma metanarrativa dúbia que ele está impingindo sobre o mundo. Esses enganos globais estão em duas categorias: o engano do mundo e o engano das nações. O engano do mundo está relacionado ao surgimento de uma economia global, uma religião global e um último líder mundial que todos seguirão. Vamos lidar com essas questões nos próximos capítulos.

Por enquanto, vamos focar no engano das nações. Embora a diferenciação entre *mundo* e *nações* possa parecer algo sem importância, nas Escrituras há uma enorme diferença. Quando a Bíblia fala sobre o *mundo*, ela se refere a todas as nações, incluindo Israel. *Nações*, no entanto, significa apenas aqueles países que não são Israel – os gentios, os *goyim*.

Isaías escreveu sobre o tempo em que a arrogância de Satanás o dominou. Frustrado por alguém com seu poder e beleza ser rebaixado a segundo lugar, Satanás fez uma jogada ousada, mas ele subestimou Deus completamente. O Senhor frustrou seus planos e, como castigo, baniu do céu esse querubim escolhido. Lamentando essa tragédia, Isaías escreveu: "Como caíste do céu, ó estrela da manhã, filho da alva! Como foste lançado por terra, tu que debilitavas as nações!" (Isaías 14:12).

O inimigo enfraqueceu as nações gentias ao vender a mentira de que Deus se cansou de Israel. Como veremos adiante, há um preço a pagar quando os países dão as costas para os escolhidos de Deus. Mais do que nunca, o resto do mundo está escolhendo abandonar Israel. Quando as decisões são baseadas em uma mentira, a pessoa ou a nação se torna fraca.

O engano forjado pelo diabo tem permeado o mundo por gerações e continuará até quase o fim dos tempos. Após a Segunda Vinda de Cristo, haverá uma breve trégua das mentiras de Satanás:

> Então, vi descer do céu um anjo; tinha na mão a chave do abismo e uma grande corrente. Ele segurou o dragão, a antiga serpente, que é o diabo, Satanás, e o prendeu por mil anos; lançou-o no abismo, fechou-o e pôs selo sobre ele, para que não mais enganasse as nações até se completarem os mil anos. Depois disto, é necessário que ele seja solto pouco tempo.
>
> Apocalipse 20:1-3

Satanás será preso e lançado em um abismo por mil anos. Por que Deus fará isso? Para que o inimigo não possa mais enganar as nações. Esse milênio de verdade e paz é descrito em termos maravilhosos por toda a Bíblia, mas tudo chegará ao fim no momento em que o enganador for solto. Como já esperado, sua primeira atitude será de novamente enganar as nações.

Engano nº 1: Israel não é mais o povo de Deus

Satanás é o mestre do engano, sendo também o enganador das nações. Esse engano se estende a todas as nações, exceto Israel. Como sabemos disso? Porque Israel é o principal alvo de enganos. Na verdade, apenas cristãos e judeus conseguem ver as falsidades que o enganador está forjando pelo que elas realmente são: os cristãos, porque sua verdade vem da Palavra de Deus e da sabedoria do Espírito Santo – os judeus, porque sua cegueira é de um tipo diferente e de uma fonte diferente. O apóstolo João, usando as palavras de Isaías, coloca a responsabilidade pela confusão dos judeus diretamente aos pés da soberania de Deus: "Cegou-lhes os olhos e endureceu-lhes o coração, para que não vejam com os olhos, nem entendam com o coração, e se convertam, e sejam por mim curados" (João 12:40).

O engano das nações em relação a Israel possui cinco diferentes formas. A primeira é a alegação de que Israel não é mais o povo de Deus. Vamos dedicar apenas um pouco de tempo nisso, pois já fora bastante explicado no capítulo anterior.

Deus disse a Israel: "Porque sois povo santo ao Senhor, vosso Deus, e o Senhor vos escolheu de todos os povos que há sobre a face da terra, para lhe serdes seu povo próprio" (Deuteronômio 14:2). Eles são um povo especialmente escolhido, amado intimamente e de maneira protetora: "Pois assim diz o Senhor dos Exércitos: Para obter ele a glória, enviou-me às nações que vos despojaram; porque aquele que tocar em vós toca na menina do seu olho" (Zacarias 2:8). A menina dos olhos de alguém se refere à pupila – completamente cercada pela íris e protegida pelos cílios – indicando algo ou alguém essencial e de grande valor. Da mesma maneira que Israel tem sido estimada por Deus.

Todavia, Satanás convenceu as nações de que Deus abandonou Seu povo. Até mesmo muitos judeus acreditaram nessa mentira. Meus próprios avós, tendo sobrevivido aos horrores de Auschwitz, não puderam acreditar que ainda existia um Deus que amava o povo judeu. Como resultado, Israel procurou proteção em outros lugares. Eles pensam: se Deus não está do nosso lado, então precisamos recorrer à América ou a outro lugar por nossa segurança.

Historicamente, é isso que os judeus tendem a fazer. Quando Israel estava enfrentando o Império Assírio no oitavo século antes de Cristo, eles se voltaram para o Egito por ajuda, em vez de buscar a ajuda de Deus contra esse inimigo aparentemente intransponível: "Ai dos que descem ao Egito em busca de socorro e se estribam em cavalos; que confiam em carros, porque são muitos, e em cavaleiros, porque são mui fortes, mas não atentam para o Santo de Israel, nem buscam ao Senhor!" (Isaías 31:1). Deus quer ajudar; se o povo Dele buscasse apenas a Ele em lugar de buscar o mundo. Como Isaías escreveu, o amor de Deus é um amor eterno, profundo – um amor apaixonado e protetor:

> Mas Sião diz: O Senhor me desamparou, o Senhor se esqueceu de mim. Acaso, pode uma mulher esquecer-se do filho que ainda mama, de sorte que não se compadeça do

filho do seu ventre? Mas ainda que esta viesse a se esquecer dele, eu, todavia, não me esquecerei de ti. Eis que nas palmas das minhas mãos te gravei; os teus muros estão continuamente perante mim.

Isaías 49:14-16

Agora, você pode dizer: "Mas isso é o Antigo Testamento. Precisamos do Novo Testamento. Somos cristãos. Nós acreditamos em Jesus. Afinal, Jesus não era judeu; Ele era cristão". Bem, eu tenho más notícias para você. Jesus era muito judeu, e Ele nunca pregou sobre o Novo Testamento, nenhuma vez! Seja como for, Deus é o mesmo ontem, hoje e eternamente. O Deus que fez essas declarações amorosas em Isaías é o mesmo Deus que levou Paulo a escrever: "Pergunto, pois: terá Deus, porventura, rejeitado seu povo? De modo nenhum!" (Romanos 11:1). Ele não se esqueceu do Seu povo e nem o abandonou.

Isso deve nos trazer um grande consolo. Se Deus pudesse esquecer o povo Dele, então Ele poderia esquecer você e eu. Mas nosso Deus é um Deus eterno que faz promessas eternas e estabelece relacionamentos eternos. Quando entregamos nossas vidas a Ele, estamos salvos e seguros em Seus braços por toda a eternidade.

Engano nº 2: O verdadeiro nome do território é Palestina

É hora de um trabalho laboratorial. Vá até sua estante de livros ou mesa de cabeceira ou onde quer que você deixe sua Bíblia. Vá até as últimas páginas, onde a editora coloca os mapas. Passe pelos patriarcas, as doze tribos, o reino de Saul e de Davi e o reino dividido até chegar o período no Novo Testamento. Qual é o título do mapa que mostra a Israel do primeiro século? Provavelmente está escrito "Palestina nos tempos de Jesus". O problema é que não existia "Palestina" nos tempos de Jesus.

Cristo nasceu no território de Israel. Quando Sua família voltou do Egito depois de fugir de Herodes, eles voltaram para a terra de Israel, como vemos no livro de Mateus:

> Tendo Herodes morrido, eis que um anjo do Senhor apareceu em sonho a José, no Egito, e disse-lhe: Dispõe-te, toma o menino e sua mãe e vai para a terra de Israel; porque já morreram os que atentavam contra a vida do menino. Dispôs-se ele, tomou o menino e sua mãe e regressou para a terra de Israel.
>
> Mateus 2:19-21

Até mesmo quando o profeta do Antigo Testamento Ezequiel olhou para nossos tempos modernos, prevendo o retorno de Israel a seu território, ele escreveu:

> Então, me disse: Filho do homem, estes ossos são toda a casa de Israel. Eis que dizem: Os nossos ossos se secaram, e pereceu a nossa esperança; estamos de todo exterminados. Portanto, profetiza e dize-lhes: Assim diz o Senhor Deus: Eis que abrirei a vossa sepultura, e vos farei sair dela, ó povo meu, e vos trarei à terra de Israel.
>
> Ezequiel 37:11-12

Nunca nas Escrituras vemos o nome Palestina sendo usado.

De onde, então, veio esse nome? Em 132 d.C., um homem judeu chamado Simão Barcoquebas liderou uma revolta contra o Império Romano. Começando na cidade central de Modi'in, a revolta se espalhou rapidamente. Adriano, como a maioria dos imperadores romanos, não lidava bem com revoltas, então ele descarregou sua ira na Judeia. Quase um terço do exército romano, sob a liderança do general Júlio Severo, atacou sem misericórdia a nação. O país foi devastado, e mais de meio milhão de judeus perderam suas vidas. Como essa não foi a primeira revolta desse povo rebelde, Severo decidiu garantir que eles não se rebelariam novamente – então ele privou o país de toda a sua identidade. Não existiria mais o país da Judeia; ele seria chamado de Síria-Palestina, que foi então encurtado para Palestina.²

O nome *Palestina* deriva dos filisteus. "Aha!", alguns podem dizer. "Aí está nossa conexão árabe". Calma. Os filisteus não eram árabes, e sim povos marítimos. Na verdade, o nome deles advém da palavra hebraica "invadir". Então, se alguém invadiu o território, seriam os "Invasores", não aqueles a quem Deus deu a terra originalmente.

A Palestina imediatamente se tornou o nome aceito para a região, e o nome Israel logo foi esquecido – exatamente o que o inimigo queria. Em um clamor para Deus agir, o salmista Asafe escreveu:

> Os teus inimigos se alvoroçam, e os que te odeiam levantam a cabeça. Tramam astutamente contra o teu povo e conspiram contra os teus protegidos. Dizem: Vinde, risquemo-los de entre as nações; e não haja mais memória do nome de Israel.
>
> Salmos 83:2-4

Fora da Igreja, aconteceu exatamente isso entre as nações.

Até mesmo os judeus do fim do século XIX e início do século XX que voltaram ao território, pareciam ter esquecido a verdadeira identidade da terra, chamando a si mesmos de palestinos. Antes da independência de 1948, o *The Jerusalem Post*, um jornal judeu, era o *The Palestine Post*. A Filarmônica Israelense, uma orquestra judaica, foi chamada de Orquestra Palestina. Quando houve uma convocação entre os repatriados judeus para lutarem na Segunda Guerra Mundial, eles foram organizados como a Brigada Palestina. Se alguém tem direito ao nome palestino são os judeus – não os árabes.

Essa confusão levou a uma deslegitimação da nação de Israel em todo o mundo árabe e além. Não há uma organização internacional que tenha sido mais inimiga de Israel do que a Nações Unidas, um órgão que alega representar a opinião do mundo. Em vez disso, eles são rápidos para defender a causa de uma nação, a

Palestina, que nunca realmente existiu, e de um povo que não tem uma verdadeira identidade nacional.

Engano nº 3: Os árabes chegaram lá primeiro

O território onde o estado de Israel atualmente se situa não é, nem nunca foi, árabe. Muitos dizem que os judeus são invasores que retiraram os árabes de suas terras antigas. Toda a identidade palestina é centrada em ser as vítimas de um grande crime cultural cometido pela nação ilegítima de Israel. A questão realmente se resume a quem tem o direito de chamar o território de seu.

Para responder a essa questão adequadamente, devemos voltar para a identidade do proprietário original. Davi nos diz: "Ao Senhor pertence a terra e tudo o que nela se contém, o mundo e os que nele habitam. Fundou-a ele sobre os mares e sobre as correntes a estabeleceu" (Salmos 24:1-2). Deus é o Criador de todas as coisas, e o Criador tem todo o direito sobre a Sua criação; isso inclui o direito de entregar porções de Sua criação a quem quer que Ele escolha:

> Disse o Senhor a Abrão, depois que Ló se separou dele: Ergue os olhos e olha desde onde estás para o norte, para o sul, para o oriente e para o ocidente; porque toda essa terra que vês, eu ta darei, a ti e à tua descendência, para sempre. Farei a tua descendência como o pó da terra; de maneira que, se alguém puder contar o pó da terra, então se contará também a tua descendência. Levanta-te, percorre essa terra no seu comprimento e na sua largura; porque eu ta darei.
> Gênesis 13:14-17

Uma coisa podemos ter certeza nas Escrituras: Deus cumpre o que Ele diz. Quando Ele diz para sempre, Ele quer dizer *para sempre*.

Quando os hebreus estavam como escravos no Egito, a Terra Prometida a eles pertencia; eles só precisavam tomar posse dela. Quando eles eliminaram os cananeus, os heteus, os amorreus, os ferezeus, os heveus e os jebuseus da terra, estavam em seu direito de fazê-lo, porque era a terra deles, originalmente dada por Deus a Abraão. Quando o Reino do Norte de Israel foi absorvido pelo Império Assírio e o Reino do Sul de Judá foi exilado na Babilônia, a terra ainda pertencia aos judeus por direito. Quando Zorobabel, Esdras, Neemias e todos os outros exilados voltaram para o território, eles estavam voltando para sua terra natal. Um território, uma vez dado por Deus, não pode ser retirado pelo homem.

Sendo assim, no fim do século XIX e durante todo o século XX, quando membros da diáspora judaica começaram a voltar de toda a Europa para a antiga terra de seu povo, eles não estavam invadindo o país de outro povo. Eles estavam voltando para casa, para a terra que Deus havia prometido que seria deles para sempre.

Outro aspecto desse engano é a ideia de que os judeus expulsaram os palestinos de um país próspero. Nada poderia estar mais longe da verdade. Em 1867, não muito antes de os judeus começarem a se realocar no país, Mark Twain visitou a região com um grupo de companheiros viajantes. Ele publicou um tipo de diário de sua aventura em um livro chamado *The Innocents Abroad* [Os inocentes no exterior]. Ele descreveu o território como um "país desolado cujo solo é muito rico, mas está entregue às ervas daninhas – uma vastidão silenciosa e triste".[3]

Twain não é um homem que alguém contrataria para promover o turismo, mas sua narrativa explode o mito de uma cultura palestina em pleno florescimento. Quando ele veio nos visitar, os ocupantes do território não eram árabes nem judeus, mas mosquitos que se proliferavam em pântanos de malária.

Twain não era o único a relatar a natureza desértica da terra naquela época. Em 1913, enquanto descrevia as planícies ao longo do Mediterrâneo, o Relatório da Comissão Real Palestina observou:

A estrada que leva de Gaza para o Norte era apenas uma trilha adequada para transporte em camelos e carroças... as condições sanitárias do vilarejo eram terríveis. Não existiam escolas... A região oeste, na direção do mar, era quase um deserto... Os vilarejos nessa área eram poucos e quase não habitados. Muitas ruínas de vilas estavam espalhadas pela área, como se, devido ao predomínio da malária, muitos vilarejos foram abandonados por seus habitantes.[4]

O advento da repopulação judaica foi o início de uma reviravolta para o território.

Durante a administração do presidente dos EUA, Jimmy Carter, esse mito dos palestinos desalojados floresceu. Para reforçar essa história, Joan Peters – membro da mídia liberal, conselheira da Casa Branca para o presidente e judia por nascimento – foi contratada para escrever um livro promovendo a causa palestina. Enquanto pesquisava, ela ficou chocada sobre a realidade da situação.

No livro *From Time Immemorial*, publicado em 1984, Peters apresentou a história moderna do território. Ela descobriu que, antes da imigração em massa de judeus europeus para o território então conhecido como Palestina no fim do século XIX e início do século XX, a terra estava exatamente como Twain havia descrito – improdutiva e subpovoada. Conforme os judeus se realocaram, eles levaram habilidades de comércio, educação, experiência com agricultura e uma dose enorme de ética de trabalho. Rapidamente, a paisagem começou a mudar, e a região começou a prosperar.

Árabes dos territórios vizinhos logo notaram isso, e muitos começaram a se mudar para essa área em revitalização a fim de desfrutar de parte dos frutos da ingenuidade e riqueza judaicas. Muitas das pessoas que se chamam de palestinos, atualmente são descendentes desses imigrantes econômicos recentes.[6]

No entanto, a ONU deixou claro seu viés palestino na Agência das Nações Unidas de Assistência aos Refugiados da Palestina no Oriente Próximo. Por meio dessa organização, muitas famílias palestinas refugiadas estão recebendo um valor maior do que o equivalente ao salário anual médio no Líbano. Como era de se esperar, isso está fazendo com que mais árabes se registrem como refugiados como parte de um programa internacional de ajuda pseudossocial. Grande parte do "problema" palestino é simplesmente um jogo trapaceiro internacional apoiado por nações e organizações internacionais liberais.

Em momentos de franqueza, até os árabes admitirão essa "trapaça". Zuheir Mohsen foi um líder palestino da facção pró-Síria as-Sa'iqa, parte da Organização para a Libertação da Palestina (OLP) de 1971 a 1979. Em uma entrevista para o jornal holandês *Trouw* em março de 1977, ele revelou:

> Não há diferenças entre jordanianos, palestinos, sírios e libaneses. Somos todos parte de UM povo, a nação árabe. Veja, eu tenho familiares com cidadania palestina, libanesa, jordaniana e síria. Somos UM povo. Apenas por razões políticas nós cuidadosamente assinamos nossa identidade palestina, porque é de interesse nacional para os árabes advogar a existência de palestinos para equilibrar o sionismo. Sim, a existência de uma identidade palestina separada permanece apenas por razões táticas. O estabelecimento de um estado palestino é uma nova ferramenta para continuar a luta contra Israel e para a unidade árabe.[7]

O mito de a nação árabe ter sido retirada de seu território é simplesmente isso – um mito. A terra que agora é Israel, estava infértil e subpovoada. A única razão de ela ser o que é hoje é a bênção de Deus sobre o trabalho do povo judeu.

Engano nº 4: A ocupação é o problema

Juntamente com o mito do estado árabe próspero, está a invenção da ocupação judaica. Os judeus não apareceram do nada e começaram a expulsar os árabes de suas casas.

Quando a imigração judaica começou no fim do século XIX, cada pedaço de terra onde esses pioneiros se estabeleceram que eventualmente pertencesse a um árabe, foi comprado justamente. Assim que se espalhou a informação de que os colonizadores eram apoiados por algumas grandes financeiras europeias e norte-americanas, os preços que os proprietários recebiam foram, como era de se esperar, muito inflacionados.[8] Apesar dessa verdade, o inimigo convenceu a muitos de que os israelenses roubaram a terra.

Preparar o território não foi uma questão de um grupo de pessoas agindo por iniciativa própria. Os judeus tiveram apoio internacional durante todo o processo. Em novembro de 1917, por volta do fim da Primeira Guerra Mundial, Arthur James Balfour, ministro do exterior britânico na época, escreveu uma carta para o Lorde Rothschild, um líder da comunidade judaica. Nessa carta, ele comunicou sua simpatia com as aspirações dos judeus sionistas e deixou claro que o estabelecimento de um lar nacional para o povo judeu seria bem-visto pelo gabinete britânico. Isso foi significativo. Foi a primeira de uma série de reconhecimentos e permissões para a futura terra de Israel.

O ano de 1922 testemunhou outro grande endosso. A Sociedade das Nações publicou um "Mandato para a Palestina". Neste documento, duas regiões foram separadas da maior área desse território, que na época se estendia de leste a oeste da Arábia, e o Mandato britânico do Iraque para o Mediterrâneo, e norte-sul do Mandato francês da Síria e do Líbano ao Egito. A parte oriental seria um emirado chamado Transjordânia, governado de forma semiautônoma da Grã-Bretanha sob o governo da família Haxemita. A porção ocidental seria a Palestina, que incluiria um lar nacional para o povo judeu sob o governo direto judeu.

Finalmente, em 1948, depois de muito trabalho político e, por vezes, militar, lutando com os britânicos e os árabes, Israel se tornou uma nação independente. Em onze minutos desse evento, os Estados Unidos reconheceram oficialmente a nova nação. Assim que a independência foi declarada, Israel foi atacado por cinco nações árabes. Essas nações não atacaram por causa de uma ocupação judaica; os israelenses estavam lá há décadas. Elas atacaram por causa da própria existência de Israel.

Desde a sua fundação em 1964, a Organização para a Libertação da Palestina (OLP) foi a voz (e o pulso) dos palestinos. O objetivo da organização, de acordo com seu nome, é simplesmente libertar os palestinos, mas isso está longe de ser verdade. Como as nações árabes que lutaram guerra após guerra contra Israel, o principal desejo da OLP, como declarado em seu mandato, é destruir o que eles consideram ser a nação ilegítima de Israel. Simplesmente olhe para o mapa que há no logotipo deles. Não há nenhuma divisão de território desenhada, nenhuma intenção de compartilhar o que for recebido. Esses árabes radicais só ficarão satisfeitos quando até o último judeu for empurrado para o mar.

Por tal motivo, tornam-se ridículas as alegações de certas pessoas no sentido de que o necessário para que haja paz é que os israelenses saiam da terra em questão. Os palestinos não querem apenas parte do território; eles querem tudo. Além disso, essa "solução" já foi testada e não foi bem-sucedida. Em 2005, Israel se retirou da Faixa de Gaza. Foi um processo difícil de acompanhar. Os soldados israelenses receberam ordens para irem até as casas dos judeus, esvaziar tudo e destruir as casas. Lágrimas foram derramadas pelos proprietários e pelos soldados. Centenas de casas que haviam sido construídas originalmente com a aprovação do governo foram destruídas. O que Israel recebeu em troca deste ato? Paz? Calma? Amizade? Tente foguetes, mísseis, morteiros e túneis de terror.

Houve um tempo, no início, quando a paz poderia ter existido em Israel. Em 1918, Hussein, o sharif muçulmano de Meca e o administrador de todos os territórios sagrados, viu grande potencial para a paz e o benefício mútuo entre os judeus que retornavam e os árabes que ali estavam. Tendo sido assegurado pelas autoridades britânicas que os direitos dos árabes seriam protegidos, ele estava muito otimista sobre o que poderia acontecer no território se os judeus e os árabes trabalhassem lado a lado.[9] Ele expressou seu otimismo em um artigo no *Al-Qibla*, o jornal diário de Meca:

> Os recursos do país ainda são um solo virgem e serão trabalhados pelos imigrantes judeus. Umas das coisas mais maravilhosas que aconteceu nos tempos recentes foi que os palestinos costumavam sair de seu país, vagando pelos mares para todas as direções. Seu solo nativo não conseguia segurá-lo... Ao mesmo tempo, temos visto judeus de outros países vindo para a Palestina da Rússia, Alemanha, Áustria, Espanha e América. A motivação não poderia escapar daqueles que tinham o dom do discernimento profundo. Eles sabiam que o país era para seus filhos originais [*abna'ihi-l-asliyin*], por todas as suas diferenças, sua terra natal sagrada e amada. O retorno desses exilados [*jaliya*] para sua terra natal se provará uma escola espiritualmente e materialmente experimental para seus irmãos que estão com eles nos campos, fábricas, comércios e tudo que está relacionado ao território.[10]

Hussein observou que era bom que os judeus voltassem, afinal, era a terra deles. Em sua sabedoria, ele também viu que essa imigração não beneficiaria apenas os árabes que moravam lá, mas também aqueles nas nações vizinhas. Mas o tempo para esse cenário utópico passou. Infelizmente, não haverá paz novamente no Oriente Médio.

Engano nº 5: A paz no Oriente Médio é possível

A paz é algo maravilhoso. Devemos todos orar por isso e buscá-la em nossas vidas. Atualmente, Israel está desfrutando uma segurança maior do que em qualquer outro tempo. Isso afeta cada aspecto da vida e do estado de espírito da nação. Mas nós não nos deixamos enganar. Há uma diferença entre segurança e paz. Enquanto desejamos fortemente ter paz com as nações do Oriente Médio, não baixaremos nossa guarda. Não é fácil se sentir em paz com seus vizinhos quando eles juraram eliminar você do mapa.

Imagine que os líderes do México e do Canadá jurassem destruir os Estados Unidos. De vez em quando, alguns foguetes e mísseis são lançados de Juarez e Nogales contra o Texas e o Arizona. Os militares norte-americanos naturalmente atiram de volta. Mas quando isso acontece, há uma indignação internacional e uma convocação para que se peça desculpas e realize sanções. Enquanto isso, um fluxo constante de fundos e armas está sendo passado do Canadá para grupos rebeldes dentro dos EUA. Os EUA retaliam destruindo os caminhos na fronteira usados para contrabandear os materiais. Novamente, os EUA são condenados por organizações internacionais, governos locais e a mídia. Israel está nessa exata situação. Não é de se admirar que os israelenses sejam realistas a respeito da paz. Se você quer paz e seu vizinho quer paz, pode haver paz. Se você quer paz, mas seu vizinho quer guerra, haverá guerra.

Acabamos de falar exatamente sobre a esperança que Hussein, sharif de Meca, tinha para a cooperação e prosperidade entre árabes e judeus. Um ano depois, seu filho, Emir Faisal, se encontrou com o Dr. Chaim Weizmann, que depois seria o primeiro presidente de Israel, para falar sobre paz. Foi um encontro muito encorajador. Em janeiro de 1919, no contexto da Conferência de Paz de Paris no pós-guerra, Weizmann e Emir assinaram um acordo de paz. Sob os termos do acordo, os árabes iriam reconhecer a Declaração Balfour e encorajar a imigração e assentamento de judeus em larga escala no território. A liberdade de religião e culto foi estabelecida como um princípio fundamental, e os locais sagrados muçulmanos deveriam permanecer sob controle muçulmano. A Organização Sionista prometeu analisar as possibilidades econômicas de um estado árabe e se comprometeu a ajudá-lo a desenvolver seus recursos. A esperança para uma amizade duradoura era maravilhosa.

Menos de um mês depois, no dia 6 de fevereiro de 1919, Faisal novamente se apresentou diante da Conferência de Paz e exigiu um estado árabe, mas ele excluiu completamente a região chamada Palestina de suas exigências. Outro grande sinal: tudo parecia perfeitamente preparado para a paz. Então, uma grande pressão surgiu dos árabes nacionalistas, exigindo que Faisal não abandonasse a Palestina aos judeus. Quando as ameaças se tornaram grandes demais, Faisal cedeu. Ele retirou o acordo de paz.

Na onda desse desejo por cooperação entre judeus e árabes, veio o primeiro Congresso Sírio, que proclamava o anseio árabe por uma Síria unificada e independente, incluindo os territórios da Palestina e do Líbano. Em março de 1920, o Congresso proclamou Faisal rei da Grande Síria. Os europeus não estavam prontos para permitir que esse tipo de autonomia existisse no Oriente Médio. Em julho, os franceses haviam retirado Faisal de Damasco e a Síria se tornou uma delegação francesa. Os britânicos, que haviam acabado de criar o estado do Iraque, compensaram Faisal, fazendo dele o rei desse novo estado. O irmão de Faisal, Abdullah, foi então nomeado Emir da Transjordânia, mais tarde tornando-se o rei.

Sempre que houve esperança de paz para o Oriente Médio, a população árabe encontrou uma forma de arruiná-la. Centenas de milhares morreram por causa de sua recusa em reconhecer a legitimidade de uma terra natal para os israelenses. Dizem que Golda Meir, primeira-ministra de Israel de 1969 a 1974, afirmou: "Nós podemos perdoar os árabes por matar nossas crianças. Não podemos perdoá-los por nos forçarem a matar as crianças deles... Nós só teremos paz com os árabes quando eles amarem suas próprias crianças mais do que eles odeiam a nós".[11]

Houve tantas oportunidades de paz. Em tantas ocasiões, uma nação soberana foi oferecida para os árabes juntamente com uma pátria para os judeus:

- 1937 – A Comissão Peel (Comissão Real da Palestina) propôs a divisão da Palestina e a criação de um estado árabe. Os árabes recusaram.
- 1939 – O Livro Branco do governo britânico propôs a criação de um estado árabe unitário. Os árabes recusaram.
- 1947 – As Nações Unidas teriam criado um estado árabe ainda maior, como parte de seu Plano para a Partilha da Palestina. Os árabes o rejeitaram porque ele designava uma pátria para os judeus.
- 1979 – As negociações de paz entre Egito-Israel ofereceram aos árabes autonomia, o que provavelmente levaria à independência total. Os árabes rejeitaram o plano.
- Década de 1990 – Os Acordos de Paz de Oslo propunham um caminho para a independência palestina. Os árabes arruinaram o processo por meio de terrorismo.
- 2000 – O primeiro-ministro israelense Ehud Barak ofereceu a criação de um estado palestino em toda a Gaza e em 97% da Cisjordânia. Os árabes rejeitaram o plano.
- 2008 – O primeiro-ministro Ehud Olmert ofereceu a retirada de quase toda a Cisjordânia e a separação de Jerusalém com base demográfica. Os árabes rejeitaram esse plano.

Como Abba Eban, o primeiro Ministro do Exterior de Israel, certa vez disse: "Os árabes nunca perdem uma oportunidade de perder uma oportunidade".[12]

Desejar a paz no Oriente Médio é correr atrás do vento. O único que trará uma trégua temporária às hostilidades é o Anticristo. Ele mesmo quebrará essa breve calmaria, de acordo com Daniel 9:27. A possibilidade de uma paz duradoura no Oriente Médio é uma mentira que Satanás usa para enfraquecer as nações e direcionar hostilidades contra Israel. A paz só virá verdadeiramente quando o Príncipe da Paz retornar.

Um posicionamento bíblico

O inimigo tem enganado as nações a virarem as costas para Israel. Conforme a Igreja se torna mais secular e mundana, esse engano se enraíza nela também. Certa vez ouvi o pastor de uma igreja enorme pregar um sermão no rádio. Nessa mensagem, ele garantiu que Gênesis 12:3 não era sobre Israel. Eu quase caí da cadeira.

> Ora, disse o Senhor a Abrão: Sai da tua terra, da tua parentela e da casa de teu pai e vai para a terra que te mostrarei; de ti farei uma grande nação, e te abençoarei, e te engrandecerei o nome. Sê tu uma bênção! Abençoarei os que te abençoarem e amaldiçoarei os que te amaldiçoarem; em ti serão benditas todas as famílias da terra.
> Gênesis 12:1-3

No contexto, como isso poderia ser qualquer outra coisa senão uma promessa para Abrão e seus descendentes físicos – o povo de Israel?

As igrejas e nações que abençoam Israel serão abençoadas por Deus, e aquelas que amaldiçoarem Israel irão sofrer. A verdade dessa última parte do versículo é claramente demonstrada por Donald Grey Barnhouse, que foi pastor da Décima Igreja Presbiteriana da Filadélfia, Pensilvânia, durante trinta e três anos:

> Quando os gregos devastaram a Palestina e profanaram o altar no templo judaico, eles logo foram dominados por Roma. Quando Roma matou Paulo e muitos outros, e destruiu Jerusalém sob o comando de Tito, Roma logo caiu. A Espanha foi reduzida a uma nação de quinta categoria após a Inquisição contra os judeus; a Polônia caiu após os massacres; a Alemanha de Hitler caiu após suas orgias

e antissemitismo; a Grã-Bretanha perdeu seu império depois que quebrou seu acordo com Israel.[13]

Por toda a história, foram feitas diversas tentativas de destruir o povo de Deus. Nenhuma foi bem-sucedida porque o Senhor cuida dos Seus. No lugar de destruição, vemos que Deus toma os meios que o inimigo usa para o mal e os usa para o bem. A própria nação moderna de Israel nasceu das cinzas do Holocausto. Que imagem maravilhosa o profeta Isaías desenha para nós naquela significativa ocasião de 14 de maio de 1948: "Quem jamais ouviu tal coisa? Quem viu coisa semelhante? Pode, acaso, nascer uma terra num só dia? Ou nasce uma nação de uma só vez? Pois Sião, antes que lhe viessem as dores, deu à luz seus filhos" (Isaías 66:8).

Deus julgará as nações do mundo porque elas acreditaram nas mentiras de Satanás e, ao fazer isso, se posicionaram contra Israel. O profeta Joel previu esse tempo de julgamento:

> Eis que, naqueles dias e naquele tempo, em que mudarei a sorte de Judá e de Jerusalém, congregarei todas as nações e as farei descer ao vale de Josafá; e ali entrarei em juízo contra elas por causa do meu povo e da minha herança, Israel, a quem elas espalharam por entre os povos, repartindo a minha terra entre si. Lançaram sortes sobre o meu povo, e deram meninos por meretrizes, e venderam meninas por vinho, que beberam.
>
> Joel 3:1-3

A Igreja não deve cair nessa mentira.

É verdade que Israel é uma nação secular. É verdade que seus olhos foram cegados por Deus para a verdade sobre o Messias. Mas isso está de acordo com o plano de Deus e Seu propósito, não sendo capaz de alterar a responsabilidade da Igreja de amar, orar, cuidar e apoiar a nação santa de Deus. Deus não disciplinará Seu povo para sempre. Enquanto isso, a Igreja deve ficar ao lado de Israel.

7

ARREBATAMENTO: O GRANDE MISTÉRIO

Até este ponto temos focado na natureza da profecia bíblica e no papel de Israel no plano de Deus. Agora, vamos olhar para como o traçado de Deus para o fim dos tempos tomará forma. À medida que seguirmos nessa nova direção, revisitaremos nosso propósito de aprender sobre a profecia bíblica. Embora possa ser interessante, empolgante, e assustador, Deus não incluiu os elementos proféticos das Escrituras só para mexer com nossas emoções. Os propósitos que Deus tem para nos dar relances do fim dos tempos são duplos: Ele está buscando encorajar os santos e apontar para o Messias como nossa esperança neste mundo. Se você está assustado em vez de encorajado, então você ainda não está lendo a Bíblia com exatidão. Se a profecia te leva a qualquer lugar que não seja a Jesus Cristo, então você não está entendendo o ponto. Através das palavras dos profetas, dos apóstolos e do próprio Cristo, Deus nos permite ver Suas cartas brevemente – tempo o bastante para uma "olhadinha", para nos garantir que Ele está jogando com a mão vencedora.

A grande conspiração

Uma das alegrias e tristezas de publicar vídeos *online* é ler os diversos comentários que as pessoas deixam. A maioria é muito encorajadora e me abençoa muito. Outras me fazem balançar a cabeça e pensar: "Você beija sua mãe com essa boca?" Navegar pela seção de comentários me convenceu de algo: o Arrebatamento é um dos tópicos mais controversos e mal compreendidos de toda a teologia.

Muitos dizem: "Não há tal coisa como Arrebatamento. Ele é fruto de uma imaginação fértil e interpretação bíblica errônea". Alguns dentro desse campo de estudo têm seu próprio cenário alternativo para o fim dos tempos. Outros simplesmente parecem estar abraçando sua vocação dada por Deus para serem pessimistas, causando de forma difusa um equilíbrio com os que têm visão a favor.

Em meio a todos esses comentários, a verdade da profecia pode se perder em teorias. Quando você acrescenta todas as maluquices e desinformação popular provenientes de preditores de datas e pregadores do fim dos tempos, as teorias logo se tornam conspirações. Um grande exemplo disso é o assunto recente sobre as luas de sangue. Foi impressionante ver toda a cobertura da mídia direcionada a essa ideia mal concebida. Quando as datas passaram e foi demonstrado que era outra noção falsa, os cristãos novamente foram vistos pelo mundo como apenas um pouco diferentes dos membros de seitas obcecados com a trajetória do cometa Hale-Bopp.

Toda vez que um novo livro de profecia é publicado ou uma nova previsão é feita, eu sou bombardeado com a questão: "É verdade?". Não posso culpar ninguém por perguntar. Eu prefiro ver as pessoas fazendo essa pergunta do que acreditando em outra invenção boba. Mas com tanta desinformação lá fora, a verdade se torna sua vítima.

Seja encorajado: a verdade está lá fora e é reconhecível por você e por mim. Eu não escrevi este livro para te apresentar um novo cenário, ou para expor uma nova teoria. Estou compartilhando diretamente da Bíblia e escrevendo a partir de minhas mais profundas convicções baseadas nas Escrituras. Quando se trata de assuntos relacionados a Deus, as opiniões não significam muito. Quando Abraão foi chamado por Deus, o Senhor não disse: "Então, Abraão, eu estava pensando em te fazer deixar tudo o que você tem e ir para uma terra onde você será um desconhecido. Qual é sua opinião sobre isso?" Deus tinha um plano, e Ele o expôs para Abraão. A opinião do homem não importa; só a Palavra de Deus importa.

Além disso, não haverá grandes conspirações traçadas aqui, nem nenhuma estimativa de data será oferecida. Lidaremos puramente com o que Deus revelou a nós. Há problemas se aproximando, mas você terá o consolo da esperança bendita de Deus para o Seu povo. Concentrar-se na verdade, ao invés de concentrar-se em opiniões, garantirá que você não caia no engodo do momento, criado pelos vendedores ambulantes dos tempos do fim, que procuram usar Deus para construir sua própria carreira. Sua paz virá das Palavras do Príncipe da Paz. Sua paz virá do Senhor Soberano.

Um mistério não é um segredo

Será que é realmente possível compreender o fim dos tempos? Muitos acreditam que não. "Se Deus quisesse que nós realmente soubéssemos sobre o fim dos tempos, Ele teria deixado tudo muito mais claro do que o livro de Apocalipse". "Deus quer manter o fim dos tempos em segredo. Afinal Mateus 24:36 diz que o Pai manteve o momento da Segunda Vinda em segredo, até mesmo de Jesus, não é?"

Mas o plano de Deus para o fim dos tempos não é um segredo. Por definição, um segredo é algo escondido, algo que você não pode ver nem sentir. Quão ilógico seria se Deus inspirasse a escrita de tantas profecias bíblicas – para que nós permanecêssemos do lado de fora, apenas observando? Nós sabemos que Deus tem um plano porque Ele nos disse que tem. O fato de que você e eu tenhamos ouvido falar sobre o Arrebatamento, a Tribulação, o Anticristo, a Segunda Vinda, o Milênio e o Julgamento Final significa que ou Deus não sabe guardar segredos ou que Ele quer que esses assuntos sejam conhecidos.

A profecia bíblica é mais um mistério do que um segredo. Que enorme diferença existe entre esses dois! Um segredo é excludente: "Eu posso saber, mas você não". Um mistério é inclusivo: sua compreensão está disponível para cada um de nós que separa um tempo para desvendá-lo.

Ao contrário de um segredo bem guardado, um mistério não permanece escondido. Em vez disso, é uma verdade que se transforma de sombra em substância. No passado, essa transformação acontecia à medida que Deus revelava mais de Sua verdade enquanto a Bíblia era escrita. Hoje, essa transformação acontece principalmente quando estudamos e aprendemos. Podemos pensar que entendemos algo como é, mas então Deus nos mostra mais de Sua verdade, e a realidade se materializa a partir da neblina.

Esse processo de revelação progressiva é visto por toda a Bíblia. No Antigo Testamento, uma promessa é dada que parece ser "A", então, no Novo Testamento, Deus nos mostra que a promessa é na verdade "B". No Antigo Testamento, na Páscoa, os hebreus comiam o matzá e bebiam o vinho para se lembrar de que Deus os havia tirado da escravidão dos egípcios. No Novo Testamento, a Igreja come o pão e bebe do cálice à mesa do Senhor para se lembrar de que Cristo nos resgatou sacrificialmente da escravidão do pecado e morte.

Essa maravilhosa palavra *mistério* é usada trinta e três vezes nas Escrituras. Cada ocorrência fala sobre algo que pode ser conhecido: seja o mistério de Jesus como o verdadeiro Messias (ver Colossenses 2:2); o mistério de que judeus e gentios juntos formam o Corpo de Cristo (ver Efésios 3:6); o mistério do amor similar ao de um casamento entre Cristo e a Igreja (ver Efésios

5:31-32); ou o mistério de que haverá um dia quando a trombeta soar, e seremos transformados e levados a encontrar nosso Salvador no ar (ver 1 Coríntios 15:51-52; 1 Tessalonicenses 4:16-18). Louve ao Senhor porque Ele não manteve essas maravilhosas verdades em segredo!

Em toda a história, trombetas foram usadas para chamar a atenção das pessoas. As pessoas se moviam quando o som era ouvido, seja para dar orientações no campo de batalha ou avisar uma cidade do perigo iminente. O som da trombeta também é conectado ao Arrebatamento. Como aqueles que creem em Cristo, devemos *ser* as trombetas Dele. Deus quer fazer soar Seu aviso através de nós, para fazer o mundo conhecer Seus planos a fim de que eles, também, possam estar preparados para o retorno do Messias.

No livro de Ezequiel, Deus permite que Seu profeta sinta a completa gravidade de seu papel como o sinal de alerta para o mundo. O Senhor considera essa mensagem tão crítica que a entrega duas vezes, quase palavra por palavra, primeiro em Ezequiel 3:16-21, e depois em Ezequiel 33:1-9. Nessas passagens, Deus explica o papel do vigia – aquele chamado para alertar as pessoas sobre seus pecados e o iminente julgamento. Três resultados são possíveis quando o vigia é chamado ao serviço. Primeiro, o vigia recebe a palavra de alerta do Senhor e a proclama ao povo. Em resposta, o povo se arrepende. Eba, tudo fica bem! As pessoas são salvas, e o vigia fez seu trabalho. Um segundo cenário vê novamente o vigia cumprindo seu mandato e alertando os maus. Dessa vez, eles não escutam. Dessa vez, são boas e más notícias: o povo recebe o impacto total da ira de Deus, mas o vigia ainda é abençoado porque ele fez aquilo que dele era exigido. O terceiro resultado possível é uma perda para os dois lados. O vigia recebe a palavra do Senhor, mas escolhe não anunciá-la. Como resultado, as pessoas perecem e o vigia é responsabilizado.

Deus deu a nós, Sua Igreja, o papel de vigias. Nós vemos o pecado em que o mundo está preso, e sabemos que o julgamento está chegando em breve. Se ensinarmos às pessoas a verdade por meio de nossas palavras e nossas vidas, então teremos cumprido o chamado que Ele nos deu. O que elas fazem com essa verdade é entre elas e Deus.

O tempo é curto, então não podemos brincar, vivendo confortavelmente e aproveitando a vida. Se devemos ser usados pelo Senhor, então devemos estudar para podermos entender os planos misteriosos de Deus. Só assim poderemos soar o alarme para aqueles que amamos, assim como para aqueles que Deus colocou em nossa esfera de influência.

O mistério do Arrebatamento

Pense em uma tarefa que você realiza todos os dias; talvez seja ir ao trabalho, fazer o jantar ou se exercitar com uma caminhada rápida. É um dia como qualquer outro até que, num piscar de olhos, não é mais. Você sente uma mudança vindo sobre si – não apenas emocional, mas física. Então, você flutua diretamente para as nuvens em um impulso como de um foguete. Você mal tem tempo de perceber que não é o único com essas recém-descobertas habilidades aeronáuticas até que vê a Ele: Aquele a quem você tem ansiado ver por toda a sua vida cristã. Você se junta à massa de pessoas ao redor Dele, sabendo que para o Messias você não é apenas mais um rosto na crescente multidão. Seus belos olhos encontram os seus e você sabe mais do que nunca quão profundamente Ele te ama. Então, a jornada começa novamente – para cima, para cima. Você não tem ideia do lugar que esteja indo, mas tem certeza de uma coisa: o que já experimentou é apenas o começo da inexplicavelmente maravilhosa eternidade que o seu Salvador, Jesus, lhe preparou.

Isso é o Arrebatamento – um evento global, para toda a Igreja, quando Cristo reúne para Si todos os cristãos, mortos ou vivos. Paulo o descreveu dessa forma:

> Eis que vos digo um mistério: nem todos dormiremos, mas transformados seremos todos, num momento,

> num abrir e fechar de olhos, ao ressoar da última trombeta. A trombeta soará, os mortos ressuscitarão incorruptíveis, e nós seremos transformados.
>
> 1 Coríntios 15:51-52

Naquele segundo, os corpos dos cristãos do passado e do presente serão metamorfoseados, como borboletas saindo de seus casulos. Nossa "casca" externa será transformada dessa veste de carne, com data de validade vencida, para uma nova criação maravilhosa, desenhada para durar por toda a eternidade. Então deixaremos o solo para encontrar Jesus no ar.

Você pode pensar que esse acontecimento dramático iria atrair uma grande plateia aqui na Terra. Entretanto, observe a marcação de tempo; "num momento, num abrir e fechar de olhos" essa transformação ocorrerá. Tente bater palmas apenas uma vez. Conseguiu? É assim, rapidamente, que essa misteriosa mudança, esse evento de encontrar-o-Senhor-no-ar vai ocorrer. Na Terra, será realmente uma questão de "agora você me vê; agora não". Separe um minuto para parar e imaginar isso: em um momento você está seguindo com os afazeres comuns da vida, e no momento seguinte, você é literalmente uma nova pessoa, pairando na atmosfera com o grande Homem-Deus que você quis conhecer sua vida toda.

Se você não está ansioso pelo momento do seu arrebatamento, então, entre três coisas, uma deve ser verdade. Primeiro, você não está entendendo a grandiosidade desse evento. Segundo, você ainda não fez de Jesus o seu Salvador e Senhor. Terceiro, você acha que tudo isso é uma porção de ideias para te fazer se sentir bem, criadas por teólogos que ou estão procurando uma desculpa para evitar a Grande Tribulação ou que têm habilidades hermenêuticas tão fracas que criaram um cenário do fim dos tempos, absolutamente distante da realidade.

Se a falta de empolgação é o problema, volte e releia a descrição do arrebatamento, quando você encontrará seu Salvador face a face.

Se o problema é que você não tem esperança porque não possui um relacionamento, então você pode consertar isso ao aceitar o dom gratuito da salvação que Jesus te oferece ao confiar Nele para ser seu Salvador (aquele que te resgata do inferno por meio de sua fé Nele) e Senhor (aquele a quem você seguirá por toda a sua vida). Se você se encontra na terceira categoria, então continue lendo.

Alguns alegam que o Arrebatamento é um acontecimento inventado porque nunca é mencionado na Bíblia. Bem, eu prometo a você que não vou ensinar a partir do Alcorão. A Bíblia é a fonte de toda a verdade, e o Arrebatamento é claramente ensinado na Palavra de Deus.

Harpazo é uma palavra grega que significa ser "arrebatado", ser "retirado" ou "ser levado à força". Em latim, a palavra *harpazo* é traduzida por *rapturo*, que é de onde derivamos a palavra *rapture*, em inglês.[1]

Essa combinação do grego para o latim é encontrada na tradução latina de 1 Tessalonicenses 4:17, quando Paulo descreve o mesmo evento sobre o qual lemos em 1 Coríntios 15: "Depois, nós, os vivos, os que ficarmos, seremos arrebatados juntamente com eles, entre nuvens, para o encontro do Senhor nos ares, e, assim, estaremos para sempre com o Senhor" (1 Tessalonicenses 4:17, ARA). Depois que os mortos ressuscitarem, os vivos serão arrebatados (*harpazo; rapturo*; raptados) junto com eles para encontrar Jesus.

Se você está curioso para saber como é o *harpazo*, examine outros lugares onde a palavra é utilizada em um contexto similar. Em Atos, o apóstolo Filipe encontra um eunuco etíope na estrada. O eunuco convida Filipe para seu carro, e o discípulo começa a explicar como Jesus cumpriu as profecias de Isaías. Logo, o etíope estava procurando água para ser batizado.

> Quando saíram da água, o Espírito do Senhor arrebatou a Filipe, não o vendo mais o eunuco; e este foi seguindo o seu caminho, cheio de júbilo. Mas Filipe veio a achar-se

em Azoto; e, passando além, evangelizava todas as cidades até chegar a Cesareia.

Atos 8:39-40

Em um momento, Filipe estava com o eunuco, e no momento seguinte ele não estava mais porque o Espírito Santo havia "arrebatado a Filipe" (*harpazo; rapturo*; raptado) de um lugar a outro. Filipe não saiu correndo. Ele não havia se despedido de ninguém ou escolhido outra missão para seguir viagem. O eunuco foi deixado sozinho, e Filipe "achou-se" em Azoto.

Apenas como um adendo, eu amo a fé do eunuco. Ele não era um homem que havia sido criado na religião dos hebreus. Na verdade, ele não tinha realmente um entendimento de quem Deus era até aquele encontro com Filipe no carro. Ainda assim, quando ele saiu das águas do batismo e Filipe desapareceu repentinamente, sua primeira reação foi louvar ao Senhor. Essa é a lição que devemos levar conosco quando ocorre algo estranho ou difícil de acontecer, que não sejamos capazes de explicar.

Mais tarde, Paulo teve uma experiência que recontou para os coríntios, sustentando sua autoridade na igreja sobre os "superapóstolos" intrusos que estavam tentando desviar a congregação. Falando sobre si mesmo na terceira pessoa, ele escreve:

> Conheço um homem em Cristo que, há catorze anos, foi arrebatado até ao terceiro céu (se no corpo ou fora do corpo, não sei, Deus o sabe) e sei que o tal homem (se no corpo ou fora do corpo, não sei, Deus o sabe) foi arrebatado ao paraíso e ouviu palavras inefáveis, as quais não é lícito ao homem referir.
>
> 2 Coríntios 12:2-4

Duas vezes nesta passagem Paulo fala sobre ser "arrebatado" (*harpazo; rapturo*; raptado) ao céu. O Espírito Santo foi quem fez a ação; Paulo "sofreu" a ação – e ele foi levado para estar na presença de Deus.

Quando eu falo com as pessoas sobre o Arrebatamento, algumas falam: "Ok, eu entendo como vai funcionar, mas ainda tenho um problema em acreditar". Minha resposta é: "Sim, você tem um problema". Mesmo depois de ler tudo sobre os eventos sobrenaturais que Deus realizou na Bíblia, para alguns, esse tipo de obra milagrosa parece um exagero no mundo de hoje.

O primeiro-ministro de Israel, David Ben-Gurion, era um homem muito secular. Ele nasceu na Rússia e cresceu no centro do ideal comunista, encaixando-se no início do movimento sionista nos kibutz, que era baseado na mesma filosofia comunal. Orações diárias não eram parte de sua rotina, nem frequentar a sinagoga em todo shabbat. Embora fosse tão secular, ele ainda realizava reuniões regulares de estudo bíblico em seu escritório.[2] Por quê? Porque em Israel você não consegue evitar o divino. No dia 5 de outubro de 1956, em uma entrevista na CBS-TV, Ben-Gurion declarou: "Em Israel, para ser realista, é necessário acreditar em milagres".[3]

A casa de Ben-Gurion foi preservada, e eu fiquei fascinado ao descobrir versículos de Isaías, Jeremias e Ezequiel copiados à mão sob o tampo de vidro de sua mesa. Fiquei ainda mais surpreso ao encontrar um exemplar do *The Late Great Planet Earth*, de Hal Lindsey, na estante de livros. Quando há evidências da existência de Deus em tudo ao seu redor, às vezes é necessário ter mais fé para *não* acreditar em milagres.

Por mais difícil que seja acreditar em um evento dessa magnitude, Paulo deixa claro que acontecerá:

> Porquanto o Senhor mesmo, dada a sua palavra de ordem, ouvida a voz do arcanjo, e ressoada a trombeta de Deus, descerá dos céus, e os mortos em Cristo ressuscitarão primeiro; depois, nós, os vivos, os que ficarmos, seremos arrebatados juntamente com eles, entre nuvens, para o encontro do Senhor nos ares, e, assim, estaremos para sempre com o Senhor. Consolai-vos, pois, uns aos outros com estas palavras.
> 1 Tessalonicenses 4:16-18

Deus tem uma grande data estabelecida para nos encontrarmos com Ele no ar, e Ele tem Seu próprio tipo de transporte para chegarmos lá.

Alguns podem perguntar incredulamente: "você espera que nós acreditemos que vamos voar?" Sim, eu espero. Por que temos um problema com isso? Estamos presos à lei da gravidade? Lembre-se de quem fez a lei. Tudo o que Deus precisa fazer é apertar o botão de "desfazer". Com certeza, não é muito difícil de acreditar nisso. Nós não podemos ler a Bíblia e não acreditar que Ele faz milagres!

Eu conheço um pastor que separava um momento com a sua filhinha toda noite depois de fazer as orações para parar e ouvir juntos a trombeta de Deus. Por mais doce que isso possa parecer, o Arrebatamento não será anunciado dessa forma. Na descrição de Paulo, o toque da trombeta e o chamado do arcanjo enquanto o Senhor começa a Sua descida serão ouvidos apenas no céu. Esse grande som ecoará pela sala do trono de Deus para anunciar Sua partida do reino do céu, e não Sua chegada na atmosfera terrestre. Mesmo assim, devemos estar prontos para seu impacto celestial. Nós devemos viver nossas vidas assim como Paulo fez, acreditando que Ele pode vir em nossa geração.

Outro argumento apresentado contra o Arrebatamento é que não cabe na ordem correta das coisas. O escritor de Hebreus diz: "E, assim como aos homens está ordenado morrerem uma só vez, vindo, depois disto, o juízo" (Hebreus 9:27). Todos têm um momento designado em que esta vida vai acabar. Se algumas pessoas terminarão seu tempo na Terra sem morte, a única coisa que sobrará na vida serão os impostos.

Embora viver e depois morrer seja certamente a ordem regular do ciclo da vida, a partida sem morte tem precedentes. Enoque era um homem que agradava muito a Deus; então, um dia, o Senhor o levou embora: "Andou Enoque com Deus e já não era, porque Deus o tomou para si" (Gênesis 5:24). A partida do profeta Elias foi mais dramática. Ele e Eliseu estavam caminhando no outro lado do Jordão: "Indo eles andando e falando, eis que um carro de fogo, com cavalos de fogo, os separou um do outro; e Elias subiu ao céu num redemoinho" (2 Reis 2:11). Embora seja raro, claramente houve indivíduos nas Escrituras que não experimentaram a morte.

"Mas essas são apenas histórias do Antigo Testamento", alguns podem dizer. "Eu quero a realidade do Novo Testamento!". Após a ressurreição de Jesus, Ele se reuniu com Seus discípulos no Monte das Oliveiras. Ele os comissionou a levar a verdade do evangelho para todo o mundo: "Ditas estas palavras, foi Jesus elevado às alturas, à vista deles, e uma nuvem o encobriu dos seus olhos" (Atos 1:9). Jesus havia estado morto, mas não estava mais. O Salvador vivo subiu ao céu como uma pessoa viva e, um dia, Ele retornará como uma pessoa viva. Anjos confirmaram essa sequência de eventos. Embora os discípulos tenham machucado seus pescoços tentando ver para onde Jesus havia subido, dois anjos apareceram ao lado deles e disseram: "Varões galileus, por que estais olhando para as alturas? Esse Jesus que dentre vós foi assunto ao céu virá do modo como o vistes subir" (Atos 1:11). Ele subiu fisicamente, não figurativamente. Ele retornará fisicamente, não figurativamente. Embora a morte seja o método tradicional de terminar nossa jornada terrena, certamente não é o único.

Chamando os embaixadores para casa

O Arrebatamento é necessariamente bem simples, pois Jesus fez uma promessa que Ele precisa cumprir:

> Na casa de meu Pai há muitas moradas. Se assim não fora, eu vo-lo teria dito. Pois vou preparar-vos lugar. E, quando eu for e vos preparar lugar, voltarei e vos receberei para mim mesmo, para que, onde eu estou, estejais vós também.
>
> João 14:2-3

Jesus prometeu aos discípulos que quando Ele fosse embora, não seria para sempre. Ele os amava demais para abandonar, em um mundo perigoso Sua recém-fundada Igreja. Ele voltaria para recebê-los para Si mesmo – e assim que a Igreja estivesse reunida com seu Salvador, Ele os levaria para Seu Pai, no céu.

Alguns concordam que Jesus retornará e reunirá Sua Igreja, mas interpretam que Ele a trará de volta à Terra, com Ele. Vamos examinar esta suposição. Verdade, as únicas opções reais para onde a Igreja está indo são céu e Terra. Se a Terra é o destino de Jesus, então o evento que está acontecendo deve ser a Segunda Vinda ou o estabelecimento da Nova Jerusalém. Se é a Segunda Vinda, então por que nós vamos subir para encontrá-lo? Cristo precisaria descer para a Terra, mas nós não precisaríamos subir para encontrar com Ele. Ele não iria nos receber – como Ele diz que fará em João 14 – e, sim, nós iríamos recebê-Lo. A volta de Cristo também não faz sentido no contexto da Nova Jerusalém, porque nós já estaremos com Jesus no momento que ela for estabelecida.

A única explicação lógica é que seremos levados para o céu, onde o Pai está. Jesus foi embora na ascensão, e Ele retornará para nos levar usando a mesma metodologia com a qual Ele partiu. Jesus virá entre as nuvens, Ele nos receberá no ar e então seguiremos com Ele para encontrar nosso Deus Criador. Façamos como Paulo exorta em 1 Tessalonicenses 4:18: "Consolai-vos, pois, uns aos outros com estas palavras".

Neste mundo perigoso, precisamos de todo o consolo que pudermos ter. Há uma guerra acontecendo ao nosso redor – uma guerra que não podemos ver, mas certamente podemos sentir. Paulo escreve: "porque a nossa luta não é contra o sangue e a carne, e sim contra os principados e potestades, contra os dominadores deste mundo tenebroso, contra as forças espirituais do mal, nas regiões celestes" (Efésios 6:12). Essas batalhas estão acontecendo no reino celestial, espiritual. Ainda que elas não sejam batalhas físicas, elas afetam o mundo físico. Isso significa que você e eu somos impactados por essa guerra espiritual.

Existem dois campos de batalha onde esses conflitos estão acontecendo. O primeiro é o céu. Lá, Deus detém o domínio por meio daquele que Ele escolheu para liderar: Jesus Cristo, que governa de Seu trono. O segundo campo de batalha é o mundo. Aqui, Satanás tem domínio pela escolha humana. Isso significa que Satanás é superior a Deus na Terra? Absolutamente, não. Deus permitiu que o inimigo tivesse poder aqui por causa da decisão de livre arbítrio do homem de se rebelar contra Ele. Mas o destino de Satanás já foi selado no momento da primeira profecia.

Pense novamente em Eva no Jardim admirando a única árvore da qual ela foi proibida de comer. Então veio a serpente, uma manifestação física de Satanás, para plantar a dúvida em sua mente: "Deus realmente disse isso?", "Você pode ser como Deus". Quando os pecados de Adão e Eva e o engano do diabo foram julgados por Deus, Ele disse: "Porei inimizade entre ti e a mulher, entre a tua descendência e o seu descendente. Este te ferirá a cabeça, e tu lhe ferirás o calcanhar" (Gênesis 3:15). O fim de Satanás foi determinado desde o início e, a partir daquele ponto, ele tem feito o seu melhor para levar consigo o maior número de pessoas possível, enganar tantos quantos o ouvirem e provocar o máximo de caos que conseguir.

Esses são os dois campos de batalha, mas os conflitos lutados neles não permanecerão restritos a esses domínios. A batalha no céu agora está se movendo para a Terra. Em Apocalipse 12, o apóstolo João descreve a visão que ele teve do preludio à guerra celestial:

> Viu-se grande sinal no céu, a saber, uma mulher vestida do sol com a lua debaixo dos pés e uma coroa de doze estrelas na cabeça, que, achando-se grávida, grita com as dores de parto, sofrendo tormentos para dar à luz. Viu-se, também, outro sinal no céu, e eis um dragão, grande, vermelho, com sete cabeças, dez chifres e, nas cabeças, sete diademas. A sua cauda arrastava a terça parte das estrelas do céu, as quais lançou para a terra; e o dragão se deteve em frente da mulher que estava para

dar à luz, a fim de lhe devorar o filho quando nascesse. Nasceu-lhe, pois, um filho varão, que há de reger todas as nações com cetro de ferro. E o seu filho foi arrebatado para Deus até ao seu trono. A mulher, porém, fugiu para o deserto, onde lhe havia Deus preparado lugar para que nele a sustentem durante mil duzentos e sessenta dias.
>
> Apocalipse 12:1-6

A mulher que João descreve é a nação de Israel, grávida com o Messias prometido. Satanás, o dragão, conhece as ramificações do nascimento desse Messias e vê sua chance de destruir os planos de Deus e provocar o caos no mundo. Então, ele espera pela criança, mas o Messias consistentemente consegue escapar – desde o momento em que a ordem de Herodes para matar os meninos de Belém é anunciada, até a tentação do deserto e até a crucificação e ressureição. Cristo realiza tudo o que foi enviado para fazer, momento no qual Ele é arrebatado (*harpazo; rapturo;* raptado) até a sala do trono do Pai. Israel foge buscando por segurança, enquanto o dragão vai para a guerra. As coisas não acabam bem para ele:

> Houve peleja no céu. Miguel e os seus anjos pelejaram contra o dragão. Também pelejaram o dragão e seus anjos; todavia, não prevaleceram; nem mais se achou no céu o lugar deles.
> E foi expulso o grande dragão, a antiga serpente, que se chama diabo e Satanás, o sedutor de todo o mundo, sim, foi atirado para a terra, e, com ele, os seus anjos.
>
> Apocalipse 12:7-9

O diabo continua a perseguir Israel, enquanto faz tudo que pode para enganar as nações e levá-las a acreditar em suas mentiras. No fim da Tribulação, começa uma guerra novamente. Apocalipse 19 nos mostra que, como antes, Satanás não é páreo para os exércitos de Deus, e ele é derrotado de vez. Sua punição é rápida:

> Ele segurou o dragão, a antiga serpente, que é o diabo, Satanás, e o prendeu por mil anos; lançou-o no abismo, fechou-o e pôs selo sobre ele, para que não mais enganasse as nações até se completarem os mil anos. Depois disto, é necessário que ele seja solto pouco tempo.
>
> Apocalipse 20:2-3

Devemos reconhecer a batalha que está acontecendo se queremos discernir o "motivo" do Arrebatamento.

Quando eu estava crescendo, sempre sonhei em ser um embaixador. Seria incrível representar Israel pelo mundo, socializar em coquetéis com pessoas ricas e poderosas de todos os lugares do planeta. Que responsabilidade ter os líderes do governo de Israel confiando em mim para transmitir suas palavras aos líderes de outras nações.

Essa descrição do papel de um embaixador também retrata corretamente nosso papel como cristãos – embora, para a maioria, haverá um pouco menos de socialização em coquetéis. Nós representamos Deus para o mundo. Nós falamos as palavras Dele e demonstramos o Seu caráter pela maneira como vivemos. Na verdade, Paulo usa essa metáfora para ilustrar nossa função diplomática: "De sorte que somos embaixadores em nome de Cristo, como se Deus exortasse por nosso intermédio. Em nome de Cristo, pois, rogamos que vos reconcilieis com Deus" (2 Coríntios 5:20). Observe a urgência na linguagem que Paulo usa para descrever esse papel: "como se Deus exortasse por nosso intermédio. Em nome de Cristo, pois, rogamos". Que responsabilidade de tirar o fôlego e nos tornar mais humildes.

Embaixadores são ferramentas necessárias de comunicação entre as nações durante tempos bons e ruins. Quando os países se relacionam bem, o embaixador pode trabalhar com o governo da outra nação para aprofundar amizades e negociar acordos mutuamente benéficos. Quando os tempos estão tensos entre duas nações, o embaixador tem o papel mais difícil, e às vezes amedrontador, de fazer exigências e nivelar as ameaças. Há também aqueles tempos em que as negociações são interrompidas. Os governos já disseram tudo o que poderiam dizer um ao outro, e a guerra está por vir. Nesses momentos, os embaixadores são chamados de volta para casa. O inimigo parou de escutar e não é mais seguro para os representantes de uma nação permanecerem em território hostil.

Virá um tempo em que Deus verá que o mundo não está mais escutando Seus embaixadores. Nesse momento, em um piscar de olhos, Ele chamará Sua Igreja de volta para casa. A ira de Deus é iminente, e a guerra de Apocalipse 19 é inevitável. Um período de grande tribulação precederá a essa terrível batalha; será um tempo de castigo para o mundo e de preparação para a conversão de Israel. Qual seria o propósito de a Igreja passar pelo tempo da ira de Deus, se seu castigo já foi pago por Cristo e sua conversão já aconteceu?

8

ARREBATAMENTO: O GRANDE AJUNTAMENTO

Quando eu conduzo tours pela Terra Santa, normalmente a tarefa mais difícil é reunir todo mundo. Pela manhã, quando eu organizo os ônibus, inevitavelmente me deparo com pelo menos um assento vazio. Quando eu pergunto sobre a pessoa que está faltando, os passageiros gritam: "Eu a vi na lojinha de presentes", ou "Eu o vi na piscina, com uma xícara de café". Você não pensaria que reunir um grupo de homens e mulheres adultos seria tão difícil. Parece que o Senhor me destinou a passar meus dias pastoreando gatos.

Deus também gosta de reunir as pessoas, e, na "vinda do Senhor", Ele será mais bem-sucedido do que eu jamais fui: "Irmãos, no que diz respeito à vinda de nosso Senhor Jesus Cristo e à nossa reunião com ele, nós vos exortamos a que não vos demovais da vossa mente, com facilidade, nem vos perturbeis, quer por espírito, quer por palavra" (2 Tessalonicenses 2:1-2). Virá um momento em que Jesus voltará para reunir Sua Igreja para Si. Essa é a promessa de um Arrebatamento que acontecerá para proteger a Noiva de Cristo da ira iminente de Deus. Como Jesus diz para a Igreja de Filadélfia: "Porque guardaste a palavra da minha perseverança, também eu te guardarei da hora da provação que há de vir sobre o mundo inteiro, para experimentar os que habitam sobre a terra" (Apocalipse 3:10). Essa palavra traduzida como "da" é a palavra grega *ek*, que significa "fora de". Isso quer dizer que a Igreja será mantida *fora da hora* da tribulação, e não *através dessa hora*.

As pessoas já me disseram: "Amir, você é um falso mestre porque está tentando demais facilitar as coisas para os cristãos". Eu devo admitir, não entendo muito esse argumento. Eu não vejo a lógica de ler na Bíblia uma doutrina que não está lá, só para que eu possa me convencer e convencer as pessoas de que nós teremos a grande alegria de sofrer a Tribulação. Se você está determinado a sofrer, não tema, haverá muitas oportunidades. Foram prometidas muitas tribulações para os cristãos, mas não apenas *a* Tribulação.

Igreja e ira não se misturam

A Igreja não é designada para o castigo da Tribulação. Paulo elogia os tessalonicenses por seu compromisso em aguardar "dos céus o seu Filho, a quem ele ressuscitou dentre os mortos, Jesus, que nos livra da ira vindoura" (1 Tessalonicenses 1:10). A ira não é para o povo de Deus. Novamente, isso não é inédito. Em Gênesis, nós lemos que, quando o pecado dominou o mundo, Deus determinou que Ele provaria de Sua ira: "Porém Noé achou graça diante do Senhor" (Gênesis 6:8). Sodoma e Gomorra haviam caído tão profundamente em depravação que o Senhor as designou para a destruição. Mas Ló era um seguidor do Deus verdadeiro, e "Como, porém, se demorasse, pegaram-no os homens pela mão, a ele, a sua mulher e as duas filhas, sendo-lhe o Senhor misericordioso, e o tiraram, e o puseram fora da cidade" (Gênesis 19:16). A história de Deus O mostra resgatando o Seu povo de Sua ira.

Alguns podem perguntar: "Mas e os santos da Tribulação? Com certeza, aqueles que se tornarem cristãos durante a Tribulação experimentarão a ira da Tribulação". A resposta simples é sim, eles irão. No entanto, eles são uma categoria diferente de cristãos, um novo povo. Eles não são a Igreja, porque a Igreja terá ido embora. Em todos os futuros acontecimentos descritos no livro de Apocalipse, a Igreja não é mencionada nenhuma vez.[1] Nós já estaremos no céu, experimentando as bodas com Cristo (ver Apocalipse 19:6-8). Aqueles que forem salvos durante os sete anos de tormenta, enfrentarão as dores da Tribulação até que suas vidas terminem e Deus os receba em Sua presença.

O Arrebatamento é um evento pré-Tribulação. Qual seria o propósito de um Arrebatamento que acontece no final da Tribulação? No que concerne à Igreja, não acrescentaria em nada. Como um *bungee-jump* gigante e de ponta-cabeça, os mortos em Cristo se levantariam primeiro, seguidos por aqueles que estão vivos após a ira de Deus ser derramada sobre a Terra. Eles subiriam até a metade do caminho no ar, apenas para encontrar o fim de sua "corda" e serem puxados de volta para a Terra junto com Jesus, que estaria retornando para o Monte das Oliveiras, de onde Ele ascendeu.

Uma senhora bem-intencionada certa vez veio até mim e disse: "O Arrebatamento é a Igreja subindo para encontrar Jesus nas nuvens para que possamos recebê-Lo em Sua descida". Embora esse seja um bom sentimento, é ilógico para mim. O Arrebatamento é o comitê de boas-vindas da Igreja? Por que Jesus precisaria que fôssemos encontrá-Lo se Ele está descendo para nos encontrar? Ele não pode vir sozinho? Ele precisa de algum encorajamento moral? Eu acredito que nós não iremos subir para encontrá-Lo quando Ele retornar para a Segunda Vinda, porque nós já estaremos com Ele. Vamos voltar para a Terra junto com Ele.

No fim das contas, a discussão se resume ao propósito da ira. Ira é para a punição; ira leva à destruição. Aqueles que creem em Cristo, não experimentam a ira de Deus. Nós com certeza vivenciaremos a disciplina, mas não o castigo: "Filho meu, não rejeites a disciplina do Senhor, nem te enfades da sua repreensão. Porque o Senhor repreende a quem ama, assim como o pai, ao filho a quem quer bem" (Provérbios 3:11-12). A disciplina para a correção é um conceito muito diferente, com um propósito muito diferente do castigo final da ira. Que alegria é saber que, quando enfrentamos dificuldades e tribulações, Deus as usa para o aperfeiçoamento de nossas vidas.

A Tribulação não é para a Igreja. Se você realmente quiser estar aqui para vivenciar todos os horrores sobre os quais lemos no Apocalipse, então, fique à vontade e seja meu convidado. Minha casa fica no Vale do Armagedom, então você terá um assento na primeira fila. Vou garantir que minhas chaves fiquem embaixo do meu tapete.

Em 1 Tessalonicenses, Paulo escreve essas palavras:

> Porque Deus não nos destinou para a ira, mas para alcançar a salvação mediante nosso Senhor Jesus Cristo, que morreu por nós para que, quer vigiemos, quer durmamos, vivamos em união com ele. Consolai-vos, pois, uns aos outros e edificai-vos reciprocamente, como também estais fazendo.
>
> 1 Tessalonicenses 5:9-11

Após mencionar a ira vindoura, ele diz: "Consolai-vos, pois, uns aos outros". Se houvesse uma possibilidade de que seus leitores fossem experimentar essa ira, como eles poderiam consolar uns aos outros? "Boa notícia, pessoal! Todos nós seremos degolados"; "Preparem-se, vocês estão prestes a ser queimados pelo Sol"; "Ei, todos vocês, companheiros judeus que creem, daqui a pouco dois terços de vocês serão assassinados". O consolo vem quando compreendemos o que Paulo escreveu no versículo nove: "Deus não nos destinou para a ira". A ira de Deus está chegando, mas a Igreja não estará na Terra para vivenciá-la.

Que dia glorioso será quando nós encontrarmos o Senhor no ar! Imagine-se com um novo corpo, desafiando a lei da gravidade, vendo a face do seu Salvador. Eu mal posso esperar para olhar ao redor e ver quem está comigo. O diácono da igreja que sempre coloca dinheiro na cestinha e faz questão de gritar "Aleluia" alto o bastante para ferir os ouvidos celestiais de Deus pode não estar na massa de pessoas. Enquanto isso, o homem de aparência suja do posto de gasolina que você não esperava ver nem perto de uma igreja está lá, sorrindo para você. A diferença é que provavelmente ele não fingiu Cristo; ele viveu Cristo. Somos chamados para viver na prática todos os dias o compromisso que fizemos com Cristo em nossa conversão, orando para que Deus nos use para ajudar a salvar outros da ira que logo chegará.

Que tragédia será para aqueles que forem deixados para trás por terem se agarrado a uma falsa salvação. Eles fingiram ser Igreja em vez de viver como Igreja. Eles honraram a Deus com seus lábios, mas seus corações estavam longe Dele (ver Mateus 15:8). Verdadeiramente, nem todos que pensam que serão arrebatados serão de fato arrebatados. Isso é de cortar o coração.

Como eu mencionei antes, não há necessidade para que tenhamos qualquer medo quando se trata do fim dos tempos. Nós podemos saber, sem nenhuma dúvida, que quando o Arrebatamento chegar, estaremos com o Senhor. Tudo se resume ao que fazemos a respeito de Jesus. No evangelho de João, Cristo deixa clara a regra para uma eternidade com Ele: "Eu sou a ressurreição e a vida. Quem crê em mim, ainda que morra, viverá; e todo o que vive e crê em mim não morrerá, eternamente" (João 11:25,26). Nossa Fonte de esperança nunca muda. Na vida ou na morte, tudo está em nosso Salvador, Jesus Cristo.

O Arrebatamento: um detalhamento logístico

Nós consideramos diversas questões que envolvem o Arrebatamento, mas seria bom um passo a passo bíblico detalhado. O evento começará com Jesus Cristo descendo do céu: "Porquanto o Senhor mesmo, dada a sua palavra de ordem, ouvida a voz do arcanjo, e ressoada a trombeta de Deus, descerá dos céus, e os mortos em Cristo ressuscitarão primeiro" (1 Tessalonicenses 4:16). Sua vinda será anunciada no céu por um arcanjo gritando e trombetas soando. Ele está vindo com o objetivo de nos receber para Si: "E, quando eu for e vos preparar lugar, voltarei e vos receberei para mim mesmo, para que, onde eu estou, estejais vós também" (João 14:3).

No momento que Jesus chegar nas nuvens, uma transformação física acontecerá entre todos os que creem em Cristo, vivos e mortos:

> Eis que vos digo um mistério: nem todos dormiremos, mas transformados seremos todos, num momento, num abrir e fechar de olhos, ao ressoar da última trombeta. A trombeta soará, os mortos ressuscitarão incorruptíveis, e nós seremos transformados.
>
> 1 Coríntios 15:51-52

Em um momento, nossos corpos serão transformados. Todas as nossas enfermidades físicas desaparecerão. Vamos todos emagrecer sem o benefício de meses de dieta. Ficaremos muito saudáveis. Nossa própria carne mudará para uma nova substância – pense como uma carne 2.0 – em nada afetada pela gravidade e projetada para durar a eternidade. E, então, partimos.

Os primeiros a voar serão aqueles que já estão mortos. Eles ressuscitarão e ascenderão para encontrar seu Salvador: "Ora, ainda vos declaramos, por palavra do Senhor, isto: nós, os vivos, os que ficarmos até à vinda do Senhor, de modo algum precederemos os que dormem" (1 Tessalonicenses 4:15). Essa ressurreição não será como a daqueles que voltaram à vida após a crucificação de Jesus. Eles voltaram para seus corpos, permaneceram vivos durante um tempo e então morreram novamente. Quando os mortos forem ressuscitados no Arrebatamento, será como a ressurreição de Jesus. Eles voltarão em um corpo transformado, que não estará mais preso a leis físicas e nunca se deteriorará.

Depois, será a vez dos cristãos que estavam vivos na Terra: "depois, nós, os vivos, os que ficarmos, seremos arrebatados juntamente com eles, entre nuvens, para o encontro do Senhor nos ares, e, assim, estaremos para sempre com o Senhor" (1 Tessalonicenses 4:17). Imagine isso: essa será a primeira vez que conseguiremos ver a Igreja inteira, do passado ao presente. Nós diremos: "Olha, lá está a Tia Sue e o tataravô Orville! E lá está minha vizinha, Sheila – não esperava vê-la aqui – e... espere, onde está o meu pastor?".

Há uma promessa no final desse versículo: "estaremos para sempre com o Senhor". *Sempre* é uma palavra tão maravilhosa. Nunca mais haverá um tempo em que estaremos separados da presença manifesta de nosso Deus – não por espaço, não por tempo, não pelo pecado.

Tudo isso acontecerá em um piscar de olhos. Quando a Terra perder seus cristãos, o povo deixado para trás suspirará de alívio. Não haverá grandes comitês investigativos ou investigações internacionais. Os cristãos são um impedimento para o mal. Apenas a Igreja está no caminho de Satanás, impedindo-o de dominar completamente o mundo.

Tenho um pressentimento de que alguns de vocês, lendo este livro, estarão vivos quando isso acontecer, talvez até mesmo a maioria de vocês. Paulo tinha esperança de que ele viveria esse *harpazo*; quanto mais teremos nós? Paulo não testemunhou nem metade dos eventos que aconteceram para a preparação para o Anticristo que nós temos visto. Dizem que se você for para uma cidade típica nos Estados Unidos e ver as luzes de Natal começando a aparecer em todas os bairros, então pode ter certeza de que o Dia de Ação de Graças está chegando. Como veremos nos próximos capítulos, as luzes estão aparecendo em todos os lugares da Terra, indicando que o dia de Cristo retornar para o mundo que Ele deixou há quase dois mil anos está chegando.

Vamos olhar agora para a Segunda Vinda. Um erro comum que as pessoas cometem é misturar o Arrebatamento com a Segunda Vinda em um único evento. Essas são duas ocorrências distintas com dois propósitos diferentes. No Arrebatamento, Cristo está voltando *para* a Igreja. Na Segunda Vinda, Cristo está voltando *com* a Igreja. O profeta Zacarias escreve: "Naquele dia, estarão os seus pés sobre o monte das Oliveiras, que está defronte de Jerusalém para o oriente; [...] então, virá o Senhor, meu Deus, e todos os santos, com ele" (Zacarias 14:4-5). No fim da Tribulação, Jesus Cristo retornará ao Monte das Oliveiras de onde partiu, trazendo com Ele Sua Noiva (a Igreja).

Tito fala sobre esses eventos distintos utilizando duas frases separadas. Ele diz que a graça de Deus nos ensinou que devemos aguardar "a bendita esperança e o aparecimento da glória do grande Deus e nosso Senhor Jesus Cristo" (Tito 2:13, ARC). O mundo se afastou de Deus e se tornou muito anticristão; isso só vai piorar. Nossa "bendita esperança" é que um dia está chegando em que nosso tempo nesta terra acabará, e nós seremos arrebatados (*harpazo; rapturo;*) para encontrar Cristo nos ares.

Esse "aparecimento da glória" do Salvador acontecerá apenas sete anos depois. Diferentemente do Arrebatamento, que ocorrerá num piscar de olhos, a Segunda Vinda será um processo: "Eis que vem com as nuvens, e todo olho o verá, até quantos o traspassaram. E todas as tribos da terra se lamentarão sobre ele" (Apocalipse 1:7). Um período de tempo deve passar até que todos possam ver Cristo descendo e oferecer uma resposta tão triste e temerosa. Jesus confirmou essa progressão: "Então, aparecerá no céu o sinal do Filho do Homem; todos os povos da terra se lamentarão e verão o Filho do Homem vindo sobre as nuvens do céu, com poder e muita glória" (Mateus 24:30). Alguns leitores poderão se confundir porque as nuvens são mencionadas nos dois eventos, mas, no Arrebatamento, Jesus nunca desce abaixo do nível das nuvens (ver 1 Tessalonicenses 4:17).

No acontecimento a que se referem tanto Jesus quanto João – a Segunda Vinda – a reação é o lamento. Quando a Igreja for levada – o Arrebatamento –, o mundo se alegrará. O lamento ocorrerá quando o mundo vir Jesus retornando ao Monte das Oliveiras e for confrontado por seus pecados.

Finalmente, a salvação nacional de Israel sobre a qual Paulo fala em Romanos 11:26 acontecerá apenas no aparecimento glorioso. Sobre esse dia, Zacarias escreve:

> E sobre a casa de Davi e sobre os habitantes de Jerusalém derramarei o espírito da graça e de súplicas; olharão para

> aquele a quem traspassaram; pranteá-lo-ão como quem pranteia por um unigênito e chorarão por ele como se chora amargamente pelo primogênito.
>
> Zacarias 12:10

Quando o Messias retornar em glória, os judeus que restarem finalmente O reconhecerão por quem Ele é, iniciando um avivamento em massa em toda a nação.

Além disso, a progressão dos eventos para as pessoas que se encontrarão com o Senhor será assim: os mortos em Cristo ressuscitarão, serão transformados e levados para o Salvador. Os vivos em Cristo (a Igreja) não morrerão, mas serão transformados e levados para o Salvador. Os santos da Tribulação morrerão e serão levados para a presença de Deus. Os judeus recém-convertidos darão início ao reino milenar com seu Messias. O único grupo não mencionado é o dos santos do Antigo Testamento. Onde eles se encaixam?

A ressurreição dos santos do Antigo Testamento acontecerá após a Segunda Vinda, em preparação para o Reino Messiânico. O profeta Daniel escreve sobre a Tribulação e a resultante ressurreição:

> Nesse tempo, se levantará Miguel, o grande príncipe, o defensor dos filhos do teu povo, e haverá tempo de angústia, qual nunca houve, desde que houve nação até àquele tempo; mas, naquele tempo, será salvo o teu povo, todo aquele que for achado inscrito no livro. Muitos dos que dormem no pó da terra ressuscitarão, uns para a vida eterna, e outros para vergonha e horror eterno.
>
> Daniel 12:1-2

Esses santos ressuscitados serão os amigos do Noivo nesse grande banquete de casamento. A cerimônia de casamento já terá acontecido no céu, mas o banquete acontecerá aqui na Terra – e será uma celebração que ninguém vai querer perder: "Então, me falou o anjo: Escreve: Bem-aventurados aqueles que são chamados à ceia das bodas do Cordeiro" (Apocalipse 19:9). Isso vai coincidir com a Festa dos Tabernáculos, quando Cristo irá voltar e tabernacular, ou habitar, com Seu povo.

Concluindo

O Arrebatamento é a promessa de Cristo para nós. Sendo assim, podemos estar seguros de que acontecerá exatamente como as Escrituras dizem.

O Arrebatamento é a bendita esperança do cristão. Sua expectativa deveria nos estremecer dos pés à cabeça. Se você encontra alegria ao pensar em permanecer aqui na Terra, então, em meu ponto de vista, há algo errado com a sua vida. Se você ama este mundo, então você provavelmente pertence a ele.

O Arrebatamento é o nosso resgate do maligno e de tempos maus. O castigo para Satanás e para todos que o seguem está chegando. Deus não nos destinou para a ira, mas para as bodas, onde experimentaremos o amor do Salvador em sua completude.

O Arrebatamento é a reunião de todos os santos – a primeira vez que todos os cristãos da era da Igreja estarão juntos ao mesmo tempo. Imagine a celebração! Imagine o banquete – comer toda a comida que quiser sem se preocupar em engordar. Imagine o louvor na presença do nosso Salvador. Apenas imagine...

Senhor, venha logo.

9

O ANTICRISTO: O HOMEM DA INIQUIDADE

Antes de continuar, vamos nos situar novamente. É tão fácil ser envolvido pelo sensacionalismo da discussão sobre o fim dos tempos. Embora haja muitos momentos de "Eu não sabia disso" e "Aha!", nunca devemos perder o nosso propósito de vista. Somos chamados para aprender a fim de que possamos compartilhar. Somos recebedores da verdade para que possamos oferecer essa verdade. Nossa função nesses últimos dias é compartilhar a Palavra de Deus com um mundo que precisa desesperadamente conhecê-la. O tempo é curto, e recebemos a importante tarefa de espalhar a verdade do evangelho para todos que precisam da esperança do Senhor.

Normalmente, quando eu penso no evangelho, eu o imagino como um remédio[4]. A humanidade tem uma doença chamada pecado, e esta doença certamente terminará em morte. Mas Deus nos deu um remédio que cura essa doença: o evangelho. Esse não é um remédio que podemos comprar. Ao invés disso, outra pessoa pagou o preço para essa cura. Quando tomamos esse remédio, a enfermidade que leva à morte é substituída por uma fé que conduz à vida eterna.

---

[4] Aqui, no texto em inglês, o autor faz um trocadilho com as palavras "Gospel" (evangelho) e "pills" (que pode ser traduzida como remédio/pílulas), criando a expressão "Gos-pills". (N.T.)

Agora que já fomos curados, é nossa responsabilidade colocar esse medicamento nas mãos de todas as pessoas que estão morrendo ao nosso redor. A escolha de tomar ou não o remédio, ou não é delas. Nossa função é simplesmente oferecer essa verdade e essa esperança para todos que escutarem. Para poder repartir essa verdade de forma eficaz, primeiro precisamos conhecê-la.

O mistério da iniquidade

Embora seja importante que conheçamos toda a verdade de Deus, existem algumas áreas que naturalmente atraem mais nosso interesse. O Anticristo é um desses temas. Eu recebo mais perguntas sobre o Anticristo do que qualquer outra. Isso é fascinante porque, como Igreja, nós estaremos longe daqui antes de o Anticristo se apresentar. Primeiro o Arrebatamento, depois o Anticristo. Por que nos importamos tanto com quem será esse homem?

Ainda assim, as perguntas aparecem aos montes. "É o príncipe Charles?" "É o Barack Obama?" "É o Vladimir Putin ou o Donald Trump?" De verdade, eu não sei. Como eu poderia saber? Se eu soubesse com certeza, ele já teria se revelado, o que significaria que eu teria sido deixado para trás. Nesse caso, você não poderia usar minha varanda da frente como assento com visão privilegiada para o grande ajuntamento no Armagedom, afinal, eu mesmo estaria nela.

Eu acredito que estamos tão intrigados por sentirmos que algo começou, que os planos estão em progresso. Só de olhar o mundo ao nosso redor, já é suficiente para nos convencermos de que o mistério da iniquidade já está em execução. O espírito do Anticristo teve início no Jardim em Gênesis 3, e tem se movido, maquinado e crescido desde então. Ao olharmos para nossa cultura hoje, vemos sua rebelião em todos os lugares. Algumas vezes, essa rebeldia é abertamente contra Deus; outras, é simplesmente o fio de uma mentira tecida em uma tapeçaria de verdade. Enquanto o tempo passa, nem sempre é fácil discernir a verdade da falsidade. Podemos não saber quem será o Anticristo, mas precisamos saber do que ele se trata.

É por isso que a ênfase deveria estar menos no próprio Anticristo e mais na iniquidade que o cerca. O Anticristo não é o mistério; a iniquidade é. Ele é apenas um subproduto de uma longa sequência de iniquidades que tiveram início no Jardim e culminam no aumento de seu poder. O Anticristo não produzirá iniquidade; o mistério da iniquidade produzirá o Anticristo.

Em um mundo que está atolado em rebeldia espiritual, como será possível reconhecer este homem? Nós sabemos que ele será extremamente consistente em sua oposição a Deus. Seu desejo será sempre agir contra o Espírito de Cristo. Ele é uma imitação para o lado negativo – um "não queira ser igual a ele". Assim como Deus enviou Seu Filho para nos libertar da *escravidão*, trazendo paz e prosperidade, assim também Satanás anunciará a libertação da *Palavra de Deus*, estabelecendo paz e prosperidade à sua própria maneira distorcida. Assim como Deus veio em forma de um homem de justiça, Satanás virá como um homem do mal. Se quisermos entender quem o Anticristo é, só precisamos saber quem Jesus não é. O anticristo vai cegar aqueles que podem ver. Ele trará morte para aqueles que estão vivos. Ele escravizará aqueles que estão livres.

Esse homem é a personificação do mistério da iniquidade. Lembre-se: um mistério não é um segredo. Esse mistério e seu homem de iniquidade não são uma verdade escondida dos olhos do mundo. Deus nos deu muitas dicas sobre o papel que esse homem desempenhará conforme o tempo passa. Embora a identidade e o tempo do Anticristo estejam por trás das sombras, sua substância está se tornando cada vez mais clara conforme a última hora se aproxima.

O que é o Anticristo?

"As palavras têm significado": essa máxima é particularmente relevante quando se trata da Bíblia. Não há palavras a mais nas Escrituras – nem frases extras para aumentar a contagem de palavras. Uma palavra perdida ou uma definição errada podem imediatamente transformar uma verdade em uma mentira.

Vamos parar um momento para um pouco de gramática. Existem dois tipos de artigos usados na língua portuguesa: o indefinido ("um" ou "uma") e o definido ("o" ou "a"). O artigo indefinido é geral, enquanto o definido é específico. Ambos os tipos de artigos são usados nas Escrituras juntamente com a palavra *Anticristo*.

O apóstolo João claramente distingue a diferença entre um anticristo e o Anticristo quando ele escreve: "Filhinhos, já é a última hora; e, como ouvistes que vem o anticristo, também, agora, muitos anticristos têm surgido; pelo que conhecemos que é a última hora" (1 João 2:18). Embora haja apenas um Anticristo, existem muitos anticristos. Embora o Anticristo venha no futuro, muitos outros anticristos vieram no passado e continuam a aparecer. Todos terão o mesmo desejo de desvalorizar o bem que Deus está fazendo; o Anticristo, entretanto, seguirá sua agenda em uma escala global.

Como reconheceremos esses anticristos? Tudo se resume à mensagem. O que eles estão ensinando? João escreve: "Quem é o mentiroso, senão aquele que nega que Jesus é o Cristo? Este é o Anticristo, o que nega o Pai e o Filho" (1 João 2:22). Novamente, vemos uma mensagem que é o polo oposto aos ensinamentos de Jesus.

Eu já estive em mais países do que posso contar, e já senti muitos cheiros. Alguns cheiros são maravilhosos: os temperos dos bazares, as flores do Havaí, o ar gelado de uma manhã no Colorado. Outros são muito menos atraentes: os odores da guerra, pobreza e morte. O pior cheiro de todos é um que eu pareço sentir não importa onde esteja, independentemente do continente ou país. É o cheiro do falso ensinamento. De alguma forma, desenvolvi um nariz que pode sentir uma heresia a quilômetros de distância. E quando eu busco esses maus cheiros, eles sempre parecem estar focados na divindade de Jesus.

Os muçulmanos dizem que Jesus foi um grande profeta. Os judeus dizem que Ele foi um bom homem. Muitos outros dirão que ele foi um mestre muito sábio. Mas será que Ele é Deus? Esse é um passo além do que qualquer um deles está disposto a ir.

Com o passar dos anos, as pessoas escreviam para mim dizendo: "Eu costumava acreditar na Trindade, mas agora eu duvido.

Jesus é o Messias, e isso é realmente tudo de que precisamos". Essa é a mensagem que Satanás tem tentado perpetuar desde o tempo de Jesus aqui na Terra. Até mesmo os judeus de dois mil anos atrás não tinham um problema com Jesus ser o Messias. Eles colocavam suas vestes diante Dele e clamavam: "Hosana ao Filho de Davi! Bendito o que vem em nome do Senhor! Hosana nas maiores alturas!" (Mateus 21:9). Eles estavam prontos para Jesus ser o Messias, mas Ele levou sua mensagem a um passo longe demais. Quando Ele foi julgado e crucificado, foi pelo ato blasfemo de alegar ser Deus. Um anticristo pode ser qualquer um que nega a divindade de Jesus, alegando que Deus não é realmente Deus.

O Anticristo é uma pessoa específica que virá em um tempo específico da história para um propósito único. O nome *Anticristo* advém de duas palavras gregas – *anti*, que significa "oposto a, no lugar de" e *Christos*, que significa "Cristo". O Anticristo é alguém que é oposto a Cristo ou que age no lugar de Cristo. Como já vimos neste capítulo, esse nome é adequado para ele.

Se Deus é o Pai de Jesus Cristo, então faz sentido que Satanás seja o pai do Anticristo. Se quisermos conhecer o caráter de Jesus, devemos olhar para o Pai. Da mesma forma, se quisermos conhecer como é o Anticristo, nós devemos olhar para o pai da mentira. Satanás é obcecado por querer ser como Deus. Seu primeiro sucesso terreno veio quando ele prometeu a Eva a mesma mentira em que ele havia acreditado: "Você será igual a Deus" (Gênesis 3:5). Satanás estava tentando convencer a mulher do que estava no seu próprio coração. Isaías coloca essas palavras na boca do que é mau: "Subirei acima das mais altas nuvens e serei semelhante ao Altíssimo" (Isaías 14:14). Todo o mistério da iniquidade começou como o próprio coração ambicioso de Satanás, espalhou-se pelo Jardim e, então, como uma versão espiritual da Peste Negra, infectou o restante da Terra.

O que é mais chocante é que há um movimento estabelecido daqueles que dizem que essa infecção é algo bom. Eles alegam que Deus é o problema e Lúcifer é realmente um cara bom. Com orgulho, eles representam Satanás e o escolhem no lugar da bendita esperança. Infelizmente chegará o dia em que eles perceberão a loucura de sua escolha.

Quando o Anticristo vai chegar?

No tempo de Paulo havia muito engano e desinformação circulando a respeito dos tempos e das épocas. Muitos pensaram que o Imperador Nero era o Anticristo quando, em 70 d.C., ele ordenou a destruição de Jerusalém. Esse engano em particular ainda é considerado verdade para muitas linhas de pensamento.

Preocupado com as falsas teorias a respeito do fim dos tempos que estavam circulando pelas novas igrejas, Paulo escreveu para a igreja em Tessalônica:

> Irmãos, no que diz respeito à vinda de nosso Senhor Jesus Cristo e à nossa reunião com ele, nós vos exortamos a que não vos demovais da vossa mente, com facilidade, nem vos perturbeis, quer por espírito, quer por palavra, quer por epístola, como se procedesse de nós, supondo tenha chegado o Dia do Senhor. Ninguém, de nenhum modo, vos engane, porque isto não acontecerá sem que primeiro venha a apostasia e seja revelado o homem da iniquidade, o filho da perdição, o qual se opõe e se levanta contra tudo que se chama Deus ou é objeto de culto, a ponto de assentar-se no santuário de Deus, ostentando-se como se fosse o próprio Deus.
>
> 2 Tessalonicenses 2:1-4

De acordo com Paulo, as pessoas vão dizer que o dia de Cristo já aconteceu; além disso, elas vão alegar que falam essas palavras em nome Dele. Não acredite nisso. Outros vão proclamar que estão pregando as palavras que o Espírito Santo lhes deu, mas essas palavras não podem ser verdade.

Paulo deixa claro que Dia do Senhor ainda virá. Deus está trazendo seu julgamento sobre o mundo, mas duas coisas devem acontecer antes disso se realizar. Primeiro, haverá uma grande apostasia da verdade de Deus. Segundo, o Anticristo deve surgir. Nenhum desses eventos pode ter acontecido. Ainda assim, o dia chegará quando esse homem exaltará a si mesmo como se fosse Deus, e liderará um povo disposto a adorá-lo. Ele irá até o Templo, e enganará as pessoas a acreditarem que ele é uma divindade.

Se ele será adorado no Templo, o que está subentendido? Subentende-se que há um Templo onde ele pode ser adorado. Eu venho de Israel. Eu já estive em Jerusalém mais vezes que consigo contar. Eu posso te dizer com toda a certeza: não há um Templo em Jerusalém. Além disso, os eventos de 2 Tessalonicenses 2 devem acontecer no futuro.

A ideia de um Templo em Jerusalém coloca toda a linha do tempo em dúvida para muitos. Alguns acreditam que é impossível o Templo ser reconstruído. É inconcebível que os muçulmanos permitam. O Monte do Templo já é lar para o Domo da Rocha, a mesquita Al-Aqsa e o Domo da Cadeia – três dos lugares mais reverenciados do islamismo. Seria difícil encaixar um Templo judeu ali.

Todavia, esse é o poder do engano do Anticristo. Não sabemos como ele o fará. Paulo, no entanto, deixa claro que ele o fará. Assim que a permissão for dada para a reconstrução do Templo, ela será rápida. Já existe um instituto do Templo em Jerusalém. Todos os itens de adoração estão preparados e as plantas estão prontas. Eles só estão esperando a liberação para a construção. O que eles não entendem é que o homem que receberá essa permissão só quer que o Templo seja reconstruído para que ele possa ser adorado ali dentro. Eu suspeito que os judeus ficarão bem irritados quando descobrirem isso.

O Anticristo não é um amigo dos judeus. Essa é uma verdade que os judeus aprenderão do jeito difícil. Se você recordar, Apocalipse 12 nos dá uma imagem da guerra no céu. O dragão mostrará sua face e perseguirá a mulher – Israel – que dará à luz Cristo. Satanás quer desesperadamente destruir a nação de Israel porque ele sabe que o papel dela no plano de Deus ainda não acabou.

Jesus disse para a cidade de Jerusalém: "Declaro-vos, pois, que, desde agora, já não me vereis, até que venhais a dizer: Bendito o que vem em nome do Senhor!" (Mateus 23:39). Para Jesus retornar na Segunda Vinda, os judeus devem estar em sua cidade, implorando a Ele que volte. Além disso, tudo o que é necessário para impedir a volta de Jesus é eliminar os judeus. Não importa quanto Satanás tem trabalhado para destruir o povo escolhido de Deus, pois Ele continua voltando.

Israel é um sobrevivente. Apesar das dispersões, cruzadas, inquisições, massacres e o Holocausto, Satanás não consegue encontrar uma forma permanente de se livrar dessa ameaça à sua existência. Ele nunca descobrirá, porque Deus está do lado deles. O Senhor está lá com Seu povo.

Satanás tenta destruir Israel e falha. Satanás luta contra Deus e perde. Ele perdeu a guerra no céu, e está prestes a perder a guerra na Terra. Como eu sei disso? Está tudo na Bíblia.

Por que o Anticristo está vindo?

Para ganhar uma condenação em um tribunal, um promotor deve mostrar o motivo. Por que o acusado fez o que fez? Essa pergunta também deve ser feita para o Anticristo. Já tratamos de quando ele virá e vimos um pouco do que ele fará quando se revelar. Mas antes de continuarmos, devemos observar sua motivação.

Não precisamos procurar muito longe. Voltando para 2 Tessalonicenses, vemos que Paulo responde a essa questão muito importante:

> Ora, o aparecimento do iníquo é segundo a eficácia de Satanás, com todo poder, e sinais, e prodígios da mentira, e com todo engano de injustiça aos que perecem, porque não acolheram o amor da verdade para serem salvos. É por este motivo, pois, que Deus lhes manda a operação do erro, para darem crédito à mentira, a fim de serem

julgados todos quantos não deram crédito à verdade; antes, pelo contrário, deleitaram-se com a injustiça.
2 Tessalonicenses 2:9-12

O Anticristo está vindo para preencher o vazio deixado pela rejeição a Cristo. O povo deste mundo virou as costas para a verdade de Deus e aceitou as falsidades do mentiroso e enganador. João explica da seguinte maneira: "O Verbo estava no mundo, o mundo foi feito por intermédio dele, mas o mundo não o conheceu. Veio para o que era seu, e os seus não o receberam" (João 1:10-11). O Anticristo está vindo para ser recebido por aqueles que se recusaram a receber a Cristo.

Como o mundo escolherá o Anticristo no lugar de Cristo, Deus mandará para o povo uma grande ilusão a fim de que eles se fortifiquem nesta mentira. Apenas olhe ao redor e veja quão enraizada nossa cultura está na iniquidade. As pessoas parecem se deleitar em qualquer coisa que seja oposta a Deus. Os enganos do pai da mentira mancharam a cosmovisão da humanidade, preparando o caminho para aquele que é anti-Cristo em todos os aspectos.

Anteriormente, nós discutimos os dois caminhos de engano que Satanás tomará com o mundo. A maior parte do nosso tempo foi dedicada ao segundo caminho – o engano das nações. No entanto, é o primeiro dos dois caminhos – o engano do mundo – que dará início ao tempo do Anticristo. A história já provou que o enganador entende a humanidade completamente. Ele sabe com quais dos nossos desejos ele precisa trabalhar para atingir o efeito máximo. Agora mesmo, podemos ver o seu sucesso ao explorar nossos maiores anseios.

O primeiro desejo com o qual ele trabalha é o desejo do mundo por prosperidade. As pessoas querem dinheiro, conforto, brinquedos caros e bugigangas bonitas. Um senso crescente de altruísmo faz as pessoas quererem e esperarem essas coisas não apenas para elas mesmas, mas para todos. Isso parece ser um grande objetivo para muitos governos e líderes mundiais, incluindo o presidente anterior dos Estados Unidos. Como resultado, por meio de alianças, acordos comerciais e protocolos de mudanças climáticas o mundo está se movendo em direção a um sistema que garantirá prosperidade para todos.

Muitos sistemas monetários do século XX lançam um obstáculo para o funcionamento da prosperidade global. Alguém sempre está especulando com moedas – atribuindo maior valor para uma enquanto desvaloriza a outra. Atualmente, o dólar americano é o padrão para a maior parte das negociações financeiras mundiais. Se o mercado global decidir parar de usar o dólar, então o dólar entrará em colapso. Há muito risco no antigo sistema. A melhor opção para os ricos continuarem ricos e os pobres subirem a escada financeira é criar uma única economia mundial, baseada em uma moeda com uma reserva mundial.

Os Estados Unidos prontamente aceitarão, principalmente porque suas dívidas se multiplicam e a fragilidade do dólar aumenta. No momento, grande parte do sistema econômico do país é controlado pelo Federal Reserv. A maior parte das pessoas não percebe que esse é um banco privado. Por meio do Federal Reserv, cinco famílias ricas estão controlando a economia da nação – uma enorme quantidade de poder nas mãos de pessoas relativamente anônimas. Haverá um suspiro de alívio de muitos quando as decisões financeiras da nação forem tomadas por um órgão internacional, aparentemente mais compassivo e com pensamentos globais.

O que começou na Europa se espalhará por todo o globo – muitas nações se unindo sob uma economia e uma moeda. O objetivo será um sistema sem dinheiro: sem moeda, sem papel, sem fraude, sem problema. Será uma venda fácil em nome da segurança. O dinheiro já é cada vez menos usado. A maior parte das atividades econômicas acontecem digitalmente por cartão ou on-line. Eu tenho um amigo que raramente carrega dinheiro; simplesmente não é mais necessário. O desejo por conveniência nos empurra para uma sociedade sem dinheiro, e o desejo por segurança nos empurra em direção à unidade.

O desejo das pessoas por unidade é, na verdade, o segundo desejo humano do qual Satanás tira vantagem. A partir desse anseio, um único governo mundial se levantará, embora pareça uma tarefa impossível. Como alguém poderia trazer o *pluribus unum* ("de muitos, um") para esse mundo com seus muitos povos e culturas? Existem tantas rivalidades, tantas águas sangrentas passaram por baixo de pontes nacionalistas. Seria necessária uma grande e unificadora causa para superar todas as facções e amarguras.

Essa causa existe hoje e já começou a derrubar fronteiras e unir governos. Nas últimas duas décadas, mais de 190 países abriram mão de parte de sua soberania para um tratado governamental chamado Protocolo de Kyoto, originalmente adotado em 1997 em Kyoto, Japão, como objetivo de salvar o planeta do aquecimento global.[1]

De acordo com os proponentes do aquecimento global, a Terra está em um caminho descendente em direção à destruição, sendo que as emissões de carbono geradas pelo homem são a grande culpada. Como essa não é uma emergência climática local, permitir que cada nação determine seu próprio plano de ação é inadequado. O problema global requer uma supervisão global.

Essa ideologia apocalíptica tem permeado cada aspecto do nosso mundo. Em 2015, o presidente Barak Obama declarou que a mudança climática é a única grande ameaça para as gerações futuras.[2] As economias sofrem devido a regulamentos excessivos e rejeições de novos projetos de energia, tudo em nome de salvar o mundo.

Um pânico latente em relação ao derretimento das calotas polares e à diminuição de suprimentos alimentares tem saturado muitas culturas. A ciência que levou a essas conclusões não é mais questionada. Como a teoria da evolução, a teoria da mudança climática é agora aceita como lei científica.

O alcance do aquecimento global está se estendendo até mesmo para a religião. Uma tendência crescente do ambientalismo evangélico está mudando o foco dos cristãos de salvar almas para salvar o planeta. Na Igreja Católica, o Papa Francisco tomou a mudança climática como um componente-chave em sua plataforma espiritual. Em uma encíclica publicada em junho de 2015, Francisco pediu a criação de uma nova autoridade política global que cuidaria do desafio de reduzir a poluição.³ Então, em setembro de 2016, o Papa anunciou que cometer "um crime contra o mundo natural é um pecado contra nós mesmos e um pecado contra Deus".⁴ Quem é que vai determinar o que é um "crime contra o mundo natural"? Eu suponho que será a nova autoridade climática global que o Papa Francisco propôs.

Embora possa haver um alívio temporário por um poder climático global unificador, devido às recentes eleições nos Estados Unidos e na Europa, esse alívio será breve. A crença de que estamos rapidamente destruindo o nosso planeta se tornou um elemento permanente de uma cosmovisão universal e se fortificou nos corações e mentes de nossas futuras gerações.

Um anseio pela paz global é o terceiro desejo que o enganador usa efetivamente. Com relatos diários de terrorismo e ameaça crescente de armas nucleares, não é à toa que as pessoas estão clamando para que todos comecem a se dar bem. O ponto central desse foco de paz é o Oriente Médio. Há uma crença de que se nós, de alguma forma, alcançarmos a paz naquela região do globo, então, essa sensação de boa vizinhança se espalhará para o resto do mundo. Assim, quando o Anticristo realmente alcançar a paz na região crítica do Oriente Médio, o mundo se levantará e o chamará de bendito.

O profeta Daniel escreve:

> Ele fará firme aliança com muitos, por uma semana; na metade da semana, fará cessar o sacrifício e a oferta de manjares; sobre a asa das abominações virá o assolador, até que a destruição, que está determinada, se derrame sobre ele.
>
> Daniel 9:27

A duração desse acordo de paz é de sete anos (uma semana); esse tempo será tão atraente que o mundo cansado de batalhas escolherá seguir e adorar o Anticristo. O que as pessoas não sabem é que quando metade da semana se passar (três anos e meio), ele vai quebrar sua própria aliança.

Uma paz temporária quebrada pelo próprio pacificador é característica do Anticristo, porque é completamente oposto ao que Deus traz. Quando o Senhor traz paz, é sempre uma paz completa: "Ora, o Senhor da paz, ele mesmo, vos dê continuamente a paz em todas as circunstâncias. O Senhor seja com todos vós" (2 Tessalonicenses 3:16). As pessoas teriam que estar fora de si para escolher a paz de Satanás e não a paz de Deus – mas as pessoas estão fora de si.

Alguns anos atrás, eu fui enviado para a Alemanha para interrogar um desertor do exército iraniano. Ele entregou muitas informações sobre a guarda revolucionária iraniana, incluindo quem fazia parte dela e como ela operava. Mas não era nada novo – eu já tinha aquelas informações. Então, ele disse algo que me fez sentar e escutar. Eu fiquei chocado com o que eu ouvi, mas então eu fiquei chocado por ficar chocado, porque as palavras dele respondiam muitas perguntas. No exército iraniano, os soldados, do oficial da patente mais alta até o menos importante, todos usam drogas – e não apenas álcool e maconha. As drogas que eles usam são pesadas. É por isso que um sistema militar baseado em obediência cega e irracional de fato funciona; os soldados não conseguem pensar.

Nosso mundo é basicamente igual. Drogas estão sendo anunciadas não apenas como legais, mas benéficas. Quase 80% das medicações opioides analgésicas são consumidas nos Estados Unidos, e a legalização da maconha recreativa recentemente se expandiu do Colorado para mais e mais estados. O que antes era considerado tabu, agora é produzido por empresas públicas, e nossas leis o declaram como algo "bom".

Seja porque eles estão fora de si ou porque o uso de droga constante destruiu seus processos de raciocínio, as pessoas escolherão a paz de Satanás no lugar da paz de Deus. O mundo está procurando por um herói, não um Messias sofredor. Cristo deveria salvar o mundo; em vez disso, Ele foi visto caminhando para a cruz. O Anticristo se revelará como uma demonstração de tudo o que estamos procurando: "Então, vi uma de suas cabeças como golpeada de morte, mas essa ferida mortal foi curada; e toda a terra se maravilhou, seguindo a besta" (Apocalipse 13:3).

Satanás conhece o coração da raça humana. Ele sabe o que motiva e o que empolga as pessoas. Esse conhecimento permite que ele manipule a humanidade a acreditar em suas mentiras, de coração e alma.

De onde virá o Anticristo?

Essa é a pergunta final que eu ouço com mais frequência: De onde virá o Anticristo? Essa é uma pergunta complicada que requer um exame na evidência bíblica, na história e na cultura mundial. Há aqueles que dizem que o Anticristo será muçulmano. O islamismo está se espalhando e permeando muitas nações, e seu poder parece estar crescendo cada vez mais. Antes essa propagação estava contida no Oriente Médio, sul da Ásia e norte da África, mas agora a Europa e os Estados Unidos estão lidando com seus próprios problemas da islamização em expansão.

Entretanto, um Anticristo muçulmano é absolutamente impossível. Mostre-me um judeu que iria escolher um muçulmano para ser seu Messias. Você não encontraria um judeu que permitiria que um muçulmano fosse seu primeiro-ministro, quanto mais o Escolhido por quem eles têm orado pelo menos nos últimos dois mil anos. Além disso, mostre-me um muçulmano que permitiria que os judeus construíssem o Templo no Monte do Templo. O Alcorão proíbe os muçulmanos de fazerem um tratado de paz com os judeus. A ideia de abrir mão de um pedaço de seu solo sagrado para um Tempo judeu, sem ser enganado ou ludibriado de uma forma gigantesca, é inconcebível.

O que vai mudar para que se permita a construção do Templo? Na época que o Anticristo se revelar, o islã será menos global do que é hoje. Esse sistema de crença já está em seus últimos dias, principalmente por ser tão violento. Logo, os radicais se tornarão tão extremistas em suas ações que os muçulmanos mais moderados serão forçados a desautorizá-los. O islamismo se tornará comum em prática e em cultura. Mais do que enfatizar sua distinção, particularmente por meio da aderência à lei Sharia, os muçulmanos assimilarão e integrarão a cultura europeia, aceitando a nova filosofia do Vaticano de "ser bom". Haverá pouca necessidade de comprometer sua teologia porque a teologia europeia é um convite desordenado.

O Anticristo certamente não virá do Oriente Médio. Para descobrir suas verdadeiras origens precisamos voltar na história. O grande rei Nabucodonosor construiu o império da Babilônia, mas ele não foi o primeiro a erguer uma civilização naquela região. Babilônia em hebraico é "Babel".

Gênesis 11 nos conta que os primeiros habitantes dessa terra tiveram um problema com Deus. Eles quiseram construir uma torre que alcançasse o céu. Isso parecia uma boa ideia para eles porque, em suas mentes, se você chegasse ao céu, se tornaria Deus. Eles simplesmente se esqueceram de que não é possível enganar a Deus. Ele sabia exatamente o que eles estavam fazendo, então Ele confundiu suas línguas e os mandou embora. A área ficou conhecida como Babel – uma palavra onomatopeica que é baseada no som de um idioma estrangeiro aos ouvidos de alguém. Desde o início, a Babilônia foi um lugar de confusão e de querer ser como Deus.

Nabucodonosor se encaixava perfeitamente neste molde. Um dia, enquanto de seu telhado admirava o reino, ele começou a elogiar a si mesmo por tudo o que havia feito, colocando-se no papel de deus sobre o seu império. O Senhor o interrompeu e disse:

> Já passou de ti o reino. Serás expulso de entre os homens, e a tua morada será com os animais do campo; e far-te-ão comer ervas como os bois, e passar-se-ão sete tempos por cima de ti, até que aprendas que o Altíssimo tem domínio sobre o reino dos homens e o dá a quem quer.
>
> Daniel 4:31-32

Imediatamente os sentidos de Nabucodonosor o deixaram, e sua mente ficou repleta de confusão até o momento em que ele olhou para o céu e deu a Deus a glória por tudo o que ele tinha.

Que melhor lugar para o Anticristo se levantar do que na Babilônia? "Espere um segundo, Amir, você está dizendo que o Anticristo será iraquiano? Não é ali onde era a Babilônia? Você acabou de dizer que ele não virá do Oriente Médio!" Não, eu não estou dizendo que o Anticristo virá do Iraque.

No século VI a.C., o império babilônico foi destruído pelos medos e persas na Babilônia. Os persas governaram até o século IV a.C., quando seu império foi destruído pelos gregos, sob a liderança de Alexandre, o Grande, na Babilônia – a cidade onde Alexandre morreu dez anos depois, em 323 a.C. O império grego foi o poder dominante até ser destruído pelos romanos na Babilônia. O império romano era vasto e poderoso e governou por séculos, mas até ele foi destruído, só que não na Babilônia. As tribos germânicas, os alamanos, foram os responsáveis por derrubar o império ao fazê-lo se espalhar e se desintegrar (novamente, não na Babilônia, mas na Europa). Essa mudança do Oriente Médio para a Europa é importante.

Daniel 7 registra um sonho que o profeta teve certa noite enquanto estava deitado em sua cama. Do mar saiam quatro animais. O primeiro tinha a aparência de um leão com asas de águia. O segundo se parecia com um urso. O terceiro era uma criatura parecida com um leopardo, com quatro cabeças e quatro asas. Então, Daniel descreve o quarto animal:

> Depois disto, eu continuava olhando nas visões da noite, e eis aqui o quarto animal, terrível, espantoso e sobremodo forte, o qual tinha grandes dentes de ferro; ele devorava, e fazia em pedaços, e pisava aos pés o que sobejava; era diferente de todos os animais que apareceram antes dele e tinha dez chifres. Estando eu a observar os chifres, eis que entre eles subiu outro pequeno, diante do qual três dos primeiros chifres foram arrancados; e eis que neste

chifre havia olhos, como os de homem, e uma boca que falava com insolência.

Daniel 7:7-8

O último animal descreve o império romano. Da cabeça desse animal saem dez chifres, sendo que três deles "foram arrancados". A Europa ocidental é a única área que já teve dez tribos, sendo que três delas não existem mais: os visigodos (Espanha), anglo-saxões (Inglaterra), francos (França), alamanos (Alemanha), burgúndios (Suíça), lombardos (Itália), suevos (Portugal), hérulos (extintos), ostrogodos (extintos) e vândalos (extintos). Dez tribos: sete ainda existem e três se foram. E esse pequeno chifre que surge entre eles, falando "com insolência"? Esse é o Anticristo. Ele está vindo, e parece que o mundo está preparando o caminho para a sua chegada.

10

O ANTICRISTO: ESTENDENDO O TAPETE VERMELHO

Imagine que você foi alertado de que morrerá ao cair da plataforma de observação do Empire State Building no dia 26 de março de 2024. A reação mais lógica seria garantir que você estaria em qualquer outro lugar naquele dia. Se você decidisse ignorar o alerta e ir até o arranha-céus para ter uma vista da cidade de Nova York naquele dia, então você seria o único culpado ao ver sua imagem refletida nos vidros dos escritórios passando rapidamente, enquanto estivesse em queda livre.

Deus alertou o mundo sobre a vinda do homem iníquo. Ele nos deu pistas sobre sua identidade e origem. Além disso, a Bíblia transborda avisos contra abandonar o Senhor e mergulhar na sensualidade, negligenciar os indefesos ou ter prazer na injustiça. Quando olhamos ao nosso redor, no entanto, isso é tudo o que vemos. O mundo está ignorando os avisos de Deus, subindo passo a passo até o topo do arranha-céu para dar seu mergulho. O continente liderando a marcha em direção ao fim é a Europa.

Europa: a Babilônia dos dias modernos

Enxergar a Babilônia na Europa atualmente não é difícil. Tudo que precisamos fazer é olhar. Primeiro, a Babilônia é aparente nos símbolos da Europa. A bandeira europeia tem um fundo azul forte sobre o qual são colocadas doze estrelas em um círculo. Esse padrão de doze estrelas é conhecido como a Rainha dos Céus, um título de grande significado histórico.[1]

Para examinar esse significado, vamos voltar para Gênesis e a origem da Babilônia. Ninrode, o bisneto de Noé, foi seu construtor. Ele foi chamado, de acordo com Gênesis 10:9, um "valente caçador diante do Senhor". O título dado pelos babilônicos para a mãe desse grande homem foi "Rainha dos Céus". Depois, a mitologia grega fez de Ninrode um grande guerreiro e o construtor da Torre de Babel. Essa torre se tornou um símbolo satânico de rebelião contra Deus. Ela simboliza as tentativas da humanidade de provar que não existe Deus ou de tentar substituí-Lo. Quem mais nesse mundo trabalha para provar para a humanidade que não há Deus ou que Ele é substituível?

Como mencionado anteriormente, Deus destruiu a torre, mas a cidade continuou a ser vista como um símbolo de pecado e rebelião contra Deus. Não é interessante que, quando Deus exilou Seu povo de sua terra por causa de sua rebelião, Ele os enviou para a Babilônia – a cidade da rebelião! Essa cidade de insurreição contra o Senhor se tornou o símbolo que os líderes da Europa adotaram para si mesmos.

Em 1563, Pieter Bruegel, o Velho, pintou sua visão do que pode ter sido a Torre de Babel. Esse trabalho notável mostra uma torre inacabada com andaimes montados em vários pontos ao redor dela, quase alcançando acima do nível das nuvens. Atualmente, essa obra pode ser vista em Viena, no Museu Kunsthistorisches. Se você colocar a obra de Bruegel, o Velho, *Torre de Babel*, ao lado de uma foto do prédio do Parlamento Europeu em Estrasburgo, na França, você encontrará diversas similaridades. Esses paralelos são intencionais. Esse complexo de milhões de dólares, finalizado em 2000, foi desenhado seguindo a pintura do século XVI, e permanece como um símbolo do orgulho que o homem tem em sua rebelião contra Deus.[2]

"Poxa, Amir! Que vergonha! Você tem uma imaginação tão fértil! Eles nem se parecem". Claro que parecem. Substitua o vidro e o aço por pedras e você verá uma réplica surpreendentemente próxima. Precisa de um pouco mais de provas? Em um pôster produzido pela União Europeia, o que você pode ver? Uma réplica da *Torre de Babel* de Bruegel, o Velho, com a legenda "Europa: muitas línguas, uma voz".[3] Em outro pôster que a UE liberou chamado EUROPE4ALL (Europa para todos), vemos uma estrela formada pelos símbolos de todos os sistemas de crenças do mundo – uma cruz, uma lua crescente, uma estrela de Davi, yin/yang, martelo e foice e muitos outros, junto com a legenda "Todos nós podemos dividir a mesma estrela".[4]

Isso é parte de um empurrão em direção a uma única religião. Quebre todas as barreiras entre as crenças e foque no que nos une.

"Oh, Amir, você está realmente exagerando!" Será que estou? Há uma escultura de Léon de Pas do lado de fora do prédio do Conselho Europeu em Bruxelas chamada *Europe en avant*, que é "Europa avante" em francês.[5]

Essa obra é baseada na história da mitologia grega do estupro da Europa – a palavra que gerou o nome. Nessa história, Zeus se disfarçou de touro branco para seduzir a princesa, Europa, que estava colhendo flores. Quando ela se aproximou do touro e montou nele, o touro aproveitou a oportunidade para sequestrá-la e estuprá-la. Depois de sua morte, ela recebeu honrarias divinas como a "Rainha do Céu".

Essa é a mulher que João viu quando escreveu Apocalipse 17. Nesse texto, ele descreve um continente muito rico:

> Transportou-me o anjo, em espírito, a um deserto e vi uma mulher montada numa besta escarlate, besta

repleta de nomes de blasfêmia, com sete cabeças e dez chifres. Achava-se a mulher vestida de púrpura e de escarlata, adornada de ouro, de pedras preciosas e de pérolas, tendo na mão um cálice de ouro transbordante de abominações e com as imundícias da sua prostituição. Na sua fronte, achava-se escrito um nome, um mistério: Babilônia, a Grande, a Mãe das Meretrizes e das Abominações da Terra.

Apocalipse 17:3-5

João viu a mulher que a União Europeia escolheu como seu símbolo, um símbolo baseado na mitologia grega.[6] A UE não está tentando intencionalmente se tornar o que João descreveu; ela está apenas sendo quem é. Essa mulher montada no animal continua sendo um símbolo predominante na Europa moderna. Ela foi vista em 1948 em uma cédula da moeda alemã.[7] Em 1979, ela apareceu em uma pintura no muro de Berlim. Em 1984, ela foi colocada em um selo britânico celebrando a segunda eleição do Parlamento europeu. Em 1992, a Europa montada no touro foi cunhada em uma moeda alemã (antes do Euro). Hoje, você pode encontrar esse simbolismo em uma pintura no saguão do aeroporto em Bruxelas, em um cartão telefônico alemão e na parte de trás da nova moeda de dois euros na Grécia. Recentemente, o Banco Central Europeu lançou a série "Europa" de cédulas de euro que têm a imagem da deusa como um dos elementos-chave de segurança das cédulas.[8] A Rainha dos Céus está bem ativa na Europa.

Outra evidência da Babilônia na Europa está em seu desejo de importar a Babilônia para o solo do continente. Muitos conhecem os antigos registros de Adolf Hitler proferindo discursos apaixonados para milhares de soldados alemães enfileirados em formação, ao longo de um vasto campo em Nuremberg chamado Das Zeppelinfeld. Atrás dele havia uma enorme tribuna de cimento, nova em construção, mas clássica em aparência. Essa tribuna, desenhada pelo arquiteto de Hitler, Albert Speer, foi inspirada no Altar de Zeus, também conhecida como O Assento de Satanás. Para Speer desenhar algo tão espetacular, alguém poderia pensar que ele viajou para algum lugar distante para estudar as antigas ruínas, procurando uma forma de recriar esse antigo local de adoração pagã. Mas isso está longe da verdade.

Pérgamo era uma linda cidade do Império Romano. Localizada no que hoje é o sul da Turquia, era uma metrópole rica e inteligente, uma cidade de inventores e inovadores. Ela abrigava uma biblioteca tão vasta que Marco Antônio deu a biblioteca de Pérgamo inteira para Cleópatra a fim de demonstrar a profundeza de seu amor por ela. Era uma cidade maravilhosa, mas ao mesmo tempo igualmente má.

Junto com toda a riqueza e estudos, Pérgamo também era lar do Altar de Zeus. Coisas terríveis aconteceram naquele altar – tanto adoração como violência. Em um dos casos, um líder da igreja primitiva foi preso. Por não negar sua fé, foi colocado dentro de um grande touro de bronze usado para realizar sacrifícios e foi cozido vivo.[9] O nome desse homem era Antipas, e Jesus se lembrou dele quando falou sobre a igreja em Pérgamo:

> Conheço o lugar em que habitas, onde está o trono de Satanás, e que conservas o meu nome e não negaste a minha fé, ainda nos dias de Antipas, minha testemunha, meu fiel, o qual foi morto entre vós, onde Satanás habita.
> Apocalipse 2:13

Quando Albert Speer desenhou a tribuna de Das Zeppelinfeld com base no Altar de Zeus, ele não precisou viajar até o sul da Turquia; ele só precisou atravessar a cidade de Berlim até a Ilha dos Museus.[10] O maior museu dessa ilha é o museu de Pérgamo, que agora abriga o Altar de Zeus – o item real, não a réplica. O verdadeiro altar foi desmontado, levado para Berlim e reconstruído em 1930. A Babilônia e sua adoração a Satanás estão agora na Europa.

Hitler não era cristão, como muitos agora tentam alegar ao revisar a história. Ele era um seguidor de Satanás. O Assento de Satanás foi o que ele escolheu como sua tribuna. Satanás foi para a Alemanha; então, a Alemanha tentou realizar o que o mal tem tentado fazer desde o início – matar os judeus.

"Amir, você está exagerando! Babilônia em Berlim? Fala sério!". Você sabia que, em 586 a.C., quando os judeus foram levados para o exílio babilônico, eles entraram na cidade através da porta de Ishtar – uma bela passagem de tijolos em forma de arco, pintada de azul e decorada com seis animais de ouro? Você sabe onde vai encontrar esse portão atualmente? Em Berlim, no mesmo Museu de Pérgamo onde está o Altar de Zeus. A Babilônia está sendo importada para a Europa.

Finalmente, a Europa está tentando se igualar à Babilônia em seu desejo, como Babel, de unificar as pessoas sob uma bandeira anti-Deus. Uma das mais poderosas organizações já desenvolvidas nasceu das Cruzadas. Quando Jerusalém foi conquistada pela Europa, peregrinos começaram a migrar para a Terra Santa. Entretanto, a jornada era perigosa e exaustiva, com bandidos esperando em emboscadas ao longo do caminho. Para proteger esses peregrinos, a Ordem dos Cavaleiros Templários foi criada, tornando-se então uma força de elite.

Quando a grande força dos cavaleiros foi combinada a uma falta de fiscalização e prestação de contas estrutural, não demorou muito até que eles perdessem seu propósito original e altruísta. A voz de Satanás sussurrava: "O dinheiro é a forma de dominar o mundo". E os cavaleiros escutaram.

Se você já escreveu um cheque, você entende que um cheque não é dinheiro. O cheque simplesmente representa dinheiro. Essa parte do nosso sistema monetário foi desenvolvida pela Ordem dos Templários.[11] Eles viram que por volta de 10% dos expedicionários das Cruzadas conseguiam chegar até Israel. Para esses expedicionários, deixar todo esse dinheiro em casa era perigoso; talvez seus vizinhos ouvissem rumores de sua morte e o levassem embora. Também era perigoso levar o dinheiro com eles; pois poderiam ser roubados. Então, os Templários abriram dois escritórios bancários: um na Europa e um na Terra Santa. Eles disseram: "Deixe seu dinheiro conosco, e vamos emitir um cheque. Leve esse cheque com você e, quando você chegar à Terra Santa, apresente-o e vamos entregar todo o seu dinheiro". Essa foi uma decisão brilhante de negócios. Se apenas 10% dos expedicionários chegavam à Terra Santa, então 90% não. Quem ficava com o dinheiro dos que se perdiam ao longo do caminho? Os Cavaleiros Templários. Na linguagem de hoje, essa quantia equivale a bilhões de dólares. Pense assim: se você tem tanto dinheiro a ponto de o Papa ter medo de você, então você tem muito dinheiro mesmo.

O poder absoluto dos Templários os corrompeu completamente. Eles se tornaram um pequeno grupo de pessoas com uma enorme quantidade de influência por toda a Europa que jurou usar seu sistema bancário para se opor a Deus. Quando os rumores de sua corrupção se tornaram grandes demais, o rei Filipe IV da França liderou uma série de inquisições. As acusações apresentadas contra os Templários incluíam heresia, profanação da cruz e adoração a ídolos (especificamente a adoração a Satanás na forma de Baphomet – uma figura humana com a cabeça de um bode). Em março de 1312, o Papa Clemente V emitiu uma carta papal desmanchando a ordem, e eles subsequentemente se tornaram clandestinos.[12]

Uma observação: em 2015, uma escultura de Baphomet de mais de dois metros de altura e 1.5 tonelada foi colocada em um prédio em Detroit. Essa estátua retrata Satanás sentado em seu trono com um menino e uma menina de cada lado olhando ansiosamente para ele. No evento que revelou essa horripilante efígie, uma multidão dançou e festejou, enquanto exclamações de "Ave, Satanás!" enchiam a sala.[13] Sim, o diabo está bem atuante nos Estados Unidos também.

O movimento seguinte de unificação da Europa foi no século XVIII, durante o Iluminismo. É nessa época que um grupo conhecido como illuminati da Baviera começou a aparecer. O termo *illuminati* é simplesmente uma maneira mais refinada de dizer "os iluminados" – aqueles que receberam ou descobriram uma sabedoria especial.

O crescimento desse novo grupo de unificadores do mundo começou com um judeu influente. Tenha em mente que alguns judeus não são realmente judeus. Em vez de serem parte do povo escolhido de Deus, eles na verdade pertencem à sinagoga de Satanás, servindo como anticristos.

Adam Weishaupt nasceu um judeu bávaro, mas foi educado por jesuítas que o forçaram a se converter ao catolicismo. Como professor de lei natural e canônica em Ingolstadt, ele começou então a seguir ensinamentos esotéricos. Weishaupt argumentou que não era "contra a religião em si, mas contra a forma como ela era praticada e imposta"; sua nova sociedade "oferecia liberdade 'dos preconceitos religiosos'".[14] Em maio de 1776, um grupo de cinco homens, os próprios alunos de Weishaupt, se encontraram para "fundar a ordem em uma floresta próxima a Ingolstadt"; eles foram os primeiros illuminati. À medida que essa sociedade secreta crescia, homens proeminentes se juntavam ao grupo, incluindo o barão Adolph von Knigge, que ajudou a solidificar a associação da sociedade com a maçonaria, e Mayer Amschel Rothschild, que, como um banqueiro rico, "forneceu fundos".[15] Foi a partir dessas reuniões que os illuminati da Baviera nasceram – com esse nome sendo tirado de uma sociedade oculta alemã de 1640.

Por volta de 1778, os illuminati "começaram a fazer contato com diversas lojas maçônicas onde, sob o incentivo do [barão Von Knigge], um de seus principais convertidos, começaram a receber posições de autoridade".[16] Essa conexão com os maçons permitiu a rápida extensão da influência dos illuminati. Quando, por fim, atingiram seu auge, os illuminati da Baviera conseguiram uma impressionante expansão, "da Itália para a Dinamarca e de Varsóvia a Paris".[17] Sendo os iluminados, os "portadores da luz", os illuminati estavam determinados a unir o mundo e depois dominá-lo. No entanto, em 1785, a sociedade foi "banida por uma ordem do governo bávaro".[18] Desse dia em diante, qualquer outro crescimento ocorreu como um movimento clandestino;

enquanto isso, a importante associação entre os illuminati e os maçons, outra sociedade secreta, foi preservada.

Os maçons começaram como uma corporação de construtores no século XIV. Originalmente, eles funcionavam similarmente a uma "união" moderna – mantendo os padrões nas construções e garantindo a qualidade dos trabalhadores. No final dos anos 1700, poucos castelos estavam sendo construídos, e ninguém mais estava erguendo catedrais gigantescas. Durante essa calmaria, os maçons perderam seu propósito, e muitos construtores perderam seus empregos.[19]

Ao se depararem com a opção de se reinventar ou dissolver o grupo, os maçons escolheram mudar de uma corporação para um sistema de crença. Foi quando os illuminati se infiltraram em seu grupo. Logo os maçons se tornaram muito mais secretos e começaram a imprimir diversos materiais baseados em princípios do ocultismo. Uma organização que começou de forma inocente, subverteu-se completamente pela luz de Lúcifer.

É provável que muitos de vocês conheçam homens e mulheres envolvidos na maçonaria. Eles podem ser seus parentes, vizinhos ou um diácono em sua igreja. "Todos eles são adoradores do diabo?", você pode perguntar. Eu acredito que muitos, até mesmo a maioria, daqueles envolvidos na maçonaria não têm ideia do que realmente se trata. Para eles, é um clube social ou uma sociedade de *networking*. Eles nunca separaram um tempo para se aprofundar e aprender. Todos, particularmente aqueles que clamam o nome de Cristo, deveriam se afastar da maçonaria, imediatamente.

O enganador começou no Jardim do Éden, espalhou seu engano ao longo da história e encontrou uma nova casa para si na Europa. Os europeus, por meio da maçonaria, exportaram suas mentiras para a América. O objetivo desse engano era unificar todos os povos, não sob a bandeira da cruz, mas sob os enganos daquele que é mau. Esse movimento unificador em direção a um governo mundial aconteceu no início do século XX e tem crescido desde então.

- Movimento Pan-Europeu (1923-26): Em 1923, o conde austríaco Richard Nikolaus Graf Coudenhove-Kalergi fundou este movimento com base no objetivo de unir todos os europeus sob uma nação europeia edificada em uma cultura europeia homogeneizada. "Em 1926, ele conseguiu reunir inúmeras figuras políticas diversas no Primeiro Congresso Pan-Europeu, realizado em Viena."[20]
- Declaração de Schuman (1950): Em 9 de maio de 1950, o ministro das Relações Exteriores da França, Robert Schuman "propôs que a França e a Alemanha, e qualquer outro país europeu que desejasse juntar-se a eles, reunissem seus recursos de carvão e aço". O objetivo era a integração gradual dos recursos econômicos europeus e um afastamento das hostilidades em torno das guerras da primeira metade do século.[21]
- Tratado de Paris (1951): Originalmente denominado Tratado que institui a Comunidade Europeia do Carvão e do Aço (CECA), este pacto uniu a França, a Alemanha Ocidental, a Itália e os países do Benelux (Bélgica, Holanda e Luxemburgo) em uma comunidade internacional. A sistematização da livre circulação do carvão e do aço e o acesso aberto às fontes de produção foram os objetivos deste consórcio internacional. Uma Alta Autoridade foi instituída e incumbida de supervisionar o mercado, as regras de concorrência e preços. A cooperação econômica que existe dentro da UE encontra seu fundamento neste tratado.[22]
- Tratado de Roma (1957): Oficialmente o Tratado que institui a Comunidade Econômica Europeia (Tratado CEE), este encontro reuniu os mercados das seis nações da Comunidade Europeia do Carvão e do Aço (CECA), lançando as bases para a futura União

Europeia. O local desse evento foi simbólico, apontando para o reavivamento do Império Romano.[23]
- Ato Único Europeu (1987): Assinado em Luxemburgo e em Haia, esse tratado modificou os tratados iniciais das Comunidades Europeias. Ele lançou a meta de estabelecer um mercado único europeu até 31 de dezembro de 1992.[24]
- Tratado de Maastricht (1992): Muito mudou com este acordo. Também conhecido como Tratado da União Europeia (TEU), este pacto modificou o objetivo final da comunidade europeia de cooperação econômica para união política. Em consonância com esta mudança de enfoque, o nome "Comunidade Econômica Europeia" foi eliminado, e nasceu a "União Europeia".[25]
- Tratado de Amsterdã (1997): Esse tratado, em vigor desde 1º de maio de 1999, revisou o Tratado da União Europeia, fortalecendo os três pilares da UE. Aumentou o poder do Parlamento Europeu em várias áreas, incluindo decisões econômicas e de imigração. Criou uma política externa e de segurança comum. Fortaleceu a cooperação policial e judiciária. As revisões desenvolvidas em Amsterdã prepararam a UE para sua próxima expansão.[26]
- Tratado de Lisboa (2007): À medida que a UE continuava a crescer, foram necessárias reformas para acomodar essa expansão. Este tratado reestruturou e adaptou a forma como as decisões são tomadas. Foi também criada uma nova função na arquitetura institucional da UE: Presidente do Conselho Europeu.[27]

A Europa ainda tem suas divisões, mas está gradualmente se unificando. O recente movimento Brexit, que testemunhou o Reino Unido saindo da EU, apenas diminuiu a velocidade desse processo de unificação. Muitos dos prognósticos realizados na data de separação da Europa, em 2019, são bastante pessimistas para o Reino Unido, economicamente falando.[28] Isso levanta a questão sobre por quanto tempo os britânicos estarão dispostos a permanecerem sozinhos antes que haja uma votação para retornar ao grupo europeu.

A Europa está preparada

A Europa está bem-posicionada como a nova Babilônia. Eles já expulsaram Deus e convidaram a Babilônia para dentro. Já exportaram a adoração satânica e um estilo de vida liberal. Eles promoveram a globalização e, ainda assim, são muito anti-Israel. Eles se encaixam na descrição muito bem.

Como vimos em Daniel 7:7-8, o pequeno chifre sairá dessa região. Sobre o surgimento do Anticristo, Paulo escreve:

> Não vos recordais de que, ainda convosco, eu costumava dizer-vos estas coisas? E, agora, sabeis o que o detém, para que ele seja revelado somente em ocasião própria. Com efeito, o mistério da iniquidade já opera e aguarda somente que seja afastado aquele que agora o detém; então, será, de fato, revelado o iníquo, a quem o Senhor Jesus matará com o sopro de sua boca e o destruirá pela manifestação de sua vinda.
>
> 2 Tessalonicenses 2:5-8

Quando o Espírito Santo (o Restritor) for retirado, juntamente com a Igreja, o Anticristo será revelado. Ele enganará o mundo até a Segunda Vinda, quando Cristo eliminará o iníquo "com o sopro de sua boca".

O Anticristo existirá por um tempo limitado em uma área definida, para um alvo específico. Nós, como cristãos, não o veremos porque já teremos ido embora. Quando retornarmos com

Cristo, será o fim do maligno. Uma verdade que o enganador não pode destruir é que Jesus Cristo terá a vitória final.

II
DIAS DE EZEQUIEL 36–37: O QUE ERA E O QUE É

O *Discovery Channel* costumava exibir uma série chamada *Dirty Jobs* [Trabalho sujo]. Em cada episódio desse programa, o apresentador, Mike Rowe, focava em pessoas que trabalhavam em funções que todo o resto do mundo civilizado evitaria a todo custo. Ele passou tempo com inspetores de esgoto, tratadores de estrume, limpadores de esqueletos e até mesmo um vomitologista aviário. Se Rowe tivesse exibido esse programa em Israel durante o Antigo Testamento, um dos primeiros episódios seria focado no profeta.

Procura-se: Um profeta

Quem gostaria de ser um profeta? Em primeiro lugar, Deus normalmente pedia a eles que fizessem coisas muito estranhas. Para se ter uma ideia, Deus poderia fazer um profeta ficar deitado só de um lado durante um ano, e então mudar para o outro lado. Deus poderia dizer para um profeta cozinhar sua comida em esterco humano, andar nu por três anos ou se casar com uma prostituta. Não era um chamado muito glamoroso. Em segundo lugar, os profetas eram odiados pelo seu povo. Raramente as pessoas lhes davam ouvidos. Frequentemente eles eram ridicularizados, agredidos e mortos. Desempenhar um papel de profeta exigia um verdadeiro chamado de Deus.

Atualmente, o oposto é normalmente verdade; como é fácil ser honrado e ser tido em alta conta! Muitos medem o valor de um profeta na quantidade de livros vendidos e audiência na televisão em lugar da qualidade da profecia. Os próprios profetas podem jogar com a fama, reconhecimento e medo, e seu maior atrativo pode ser a imagem. Como usar o cabo de uma chave de fenda para martelar um prego, tais homens e mulheres fazem mau uso das Escrituras para apoiar suas mentiras ao invés de descobrir a verdade.

Esses falsos profetas conseguem escapar da punição porque ninguém os responsabiliza. Eu já encontrei muitos deles ao redor do mundo, particularmente na Ásia. As pessoas praticamente os adoram quando eles saem do avião. Eles são conduzidos nos carros mais luxuosos e ficam nos melhores hotéis. Milhares de pessoas ouvem o que eles têm a dizer. Mesmo quando suas predições não se realizam, eles são convidados novamente para a conferência do ano seguinte. Onde estão as pessoas que se levantarão e dirão: "Não! Você é um falso profeta!"? Se medirmos os "profetas" de hoje com o padrão do Antigo Testamento de que "se um profeta fala em nome do Senhor de forma arrogante e o que ele falar não acontecer, esse profeta deverá morrer", então muitos outros falsos pregadores estariam desviando de pedras (ver Deuteronômio 18:20; 28:20-22).

Lembre-se, Deus quer que conheçamos os seus planos: "Lembrai-vos das coisas passadas da antiguidade: que eu sou Deus, e não há outro, eu sou Deus, e não há outro semelhante a mim; que desde o princípio anuncio o que há de acontecer e desde a antiguidade, as coisas que ainda não sucederam; que digo: o meu conselho permanecerá de pé, farei toda a minha vontade" (Isaías 46:9-10). Você não precisa de um profeta moderno que prediz o futuro para te dizer o que acontecerá. Você só precisa da Bíblia! O que eu estou escrevendo neste livro não é uma revelação nova e especial; não é uma grande descoberta que eu fiz. É simplesmente o que Deus nos disse claramente em Sua Palavra.

Minha paixão pela profecia bíblica é tão grande porque o desejo de Deus para que conheçamos Seus planos é também muito grande. Quase um terço de todas as escrituras é profético, começando no Antigo Testamento e continuando por todo o Novo. Os cristãos devem estudar a profecia, e as igrejas devem ensinar profecia. Infelizmente, há muito pouco dos dois. Muitas pessoas excluem a profecia como sendo da Antiga Aliança ou algo irrelevante, mas ignorar a profecia é ignorar muito do que Jesus ensinou: "Havendo Deus, outrora, falado, muitas vezes e de muitas maneiras, aos pais, pelos profetas, nestes últimos dias, nos falou pelo Filho, a quem constituiu herdeiro de todas as coisas, pelo qual também fez o universo" (Hebreus 1:1-2). Outros ignoram a profecia por medo. Contudo, os únicos que deveriam ter medo da "última hora" são os que não creem.

Por meio da Escritura profética de Deus, nós entendemos aquilo que Deus falou. Sua Palavra nos mostra como Deus está trabalhando e nos ajuda a compreender que vivemos em um mundo caído. Há certos cheiros neste mundo que são instantaneamente reconhecíveis – e instantaneamente revoltantes. Um desses odores é a morte e decadência. Ao cheirar este mundo, não temos dificuldade em reconhecer que ele está se deteriorando e caminhando em direção a um colapso.

A chegada dos colapsos

O primeiro colapso preparado para o mundo é financeiro. Nos últimos cem anos, um grupo de elite tem controlado os bancos. Essas são as mesmas pessoas que controlam a mídia. Certos membros deste grupo de elite acreditam que eles são os iluminados, sabendo o que é certo e errado. Aqueles de nós que não são iluminados, os "coitadinhos", são vistos como burros demais para tomar suas próprias decisões. Portanto, essa elite nos alimenta, cuida de nós e nos diz o que fazer.

Depois de décadas colocando em prática sua própria agenda, eles colocaram as economias mundiais no lugar. Dinheiro sem valor ou substância inunda o mercado global. A moeda de uma nação costumava ser apoiada em algo tangível como o ouro. Sem esse padrão, as economias agora flutuam entre moedas sem valor. Isso com certeza é verdade na economia dos Estados Unidos; em breve, o dólar americano vai desvalorizar, possivelmente de 60% a 70%, levando consigo inúmeras outras moedas.

Em junho de 2015, o *Telegraph* publicou um artigo com manchetes que liam: "O mundo está indefeso contra a próxima crise financeira, alerta o BIS [Banco de Compensações Internacionais – o banco central de todos os bancos centrais]: criadores de políticas monetárias esgotaram as possibilidades para combater a próxima crise com taxas de juros incapazes de baixar".[1]

Essas elites cavaram um buraco de onde a economia mundial não conseguirá escapar. Quando a próxima recessão ou depressão chegar, a moeda não valerá nada. As pessoas não poderão comprar comida; conflitos ao redor do mundo serão algo comum. Por causa da difusão das instabilidades governamentais, uma força de polícia global será necessária para retomar o controle.

Como as economias mundiais irão se restabelecer? Uma moeda global virá ao resgate. Quando todo o mundo tiver uma mesma moeda, então não há mais necessidade de uma guerra econômica. Todos trabalharão juntos para servir ao bem financeiro de toda a raça humana. O euro, criado em 1995 e instituído completamente em 1999, poderia bem ser a moeda global que os mercados financeiros mundiais irão adotar.

Alguns podem sentir que o verdadeiro perigo de um sistema financeiro global é a perda do indivíduo. Bem-vindo ao mundo do digital! Todos receberão um chip de identificação pessoal. Você estará preso ao vasto banco de dados de um computador central, para que você sempre consiga acessar sua própria riqueza pessoal. Você poderá monitorar o que tem, e o governo global poderá monitorar você. Logo chegará o dia em que você não conseguirá fazer nenhuma transação ou ter acesso a qualquer serviço sem esse chip de identificação. Apocalipse 13:16-17 alerta: "A todos, os pequenos e os grandes, os ricos e os pobres, os livres e os escravos, faz que lhes seja dada certa marca sobre a mão direita ou sobre a fronte, para que ninguém possa comprar ou vender, senão aquele que tem a marca, o nome da besta ou o número do seu nome". Em que outra época na história receber esta marca pareceria tão lógico e tão prático?

O segundo colapso que esse mundo experimentará é físico. Em sua edição de julho de 2015, o *New Yorker* publicou uma foto de capa ilustrando a costa oeste dos Estados Unidos sendo rasgada do mapa. Dentro, Kathryn Schulz escreveu um artigo apocalíptico intitulado "The Really Big One" [O grandão, em português], que predizia que em qualquer dia desses a Califórnia enfrentaria um terremoto 9.2. Embora um tremor dessa magnitude pudesse reduzir muitas cidades a nada, o terremoto em si não seria o maior perigo. Um evento sísmico dessa amplitude poderia provocar um tsunami de cerca de 1100 km de comprimento e 30 metros de altura, que destruiria completamente o noroeste, incluindo Seattle e Tacoma. A conclusão de seu artigo é que não é uma questão de se vai acontecer, mas quando.[2]

Há uma crescente atividade na falha geológica de San Andreas, na Califórnia. Até mesmo no coração da América, a falha geológica New Madrid, localizada no Missouri, está enfrentando um movimento crescente. Esses são apenas exemplos do que está acontecendo no mundo – mais e mais terremotos de intensidade crescente.

Não muito tempo atrás, eu estava nas Filipinas fazendo um tratamento dentário. Eu estava esperando o procedimento começar quando de repente todos começaram a sair do prédio. Fiquei pensando se havia sido alguma coisa que eu disse ou se talvez eles tinham uma aversão ao povo escolhido de Deus, quando me disseram que era uma simulação de terremoto. A expectativa de um desastre sísmico já se tornou parte da cultura em muitas regiões propensas a terremotos.

Quando os discípulos perguntaram para Jesus sobre o fim dos tempos, Ele não respondeu com discussões sobre luas de sangue, o Shemitá ou a mais recente previsão do fim dos tempos. Ele disse:

> E, certamente, ouvireis falar de guerras e rumores de guerras; vede, não vos assusteis, porque é necessário assim acontecer, mas ainda não é o fim. Porquanto se levantará nação contra nação, reino contra reino, e haverá fomes e terremotos em vários lugares; porém tudo isto é o princípio das dores.
>
> Mateus 24:6-8

O Senhor deixou muito claro pelo que deveríamos procurar, mas isso não é o suficiente para nós. Queremos luzes – queremos drama –, queremos ação. Queremos previsões do futuro e luas de sangue.

Quando Joel diz: "O sol se converterá em trevas, e a lua, em sangue, antes que venha o grande e terrível Dia do Senhor", ele está falando sobre o tempo da Tribulação (Joel 2:31). Eu não sei você, mas eu não planejo estar aqui quando a lua virar sangue. Você pode esperar suas luas de sangue; eu planejo ser arrebatado. O inimigo quer que foquemos nas teorias que trazem "novidades" e fiquemos presos nas mais novas loucuras do fim dos tempos, porque elas nos afastam da Bíblia. Ele prefere que você leia a "verdade" de outra pessoa no lugar da verdade de Deus.

Uma terceira área de colapso é política. A instabilidade na liderança existe em todo o globo. Poderes governamentais em muitos países estão sendo derrubados – alguns por eleições legítimas e outros por força. Parece que o mundo está ansiando por um líder forte que defenderá o povo e focará em outros interesses que não os seus. Em todo o Oriente Médio – e agora na Europa e Estados Unidos – o mapa político está mudando.

Um resultado dessa mudança é o isolamento cada vez maior de Israel. Em 2016, a ONU adotou vinte resoluções anti-Israel. Só essa estatística já deveria deixar clara a essência das crenças antissemitas da ONU.

Este mundo tem fedor de podridão e deterioração. Em vez de temer essa deterioração, devemos manter nossos olhos no céu. Claramente, estamos nos dias de Ezequiel, e a última hora se aproxima rapidamente.

Ezequiel 36: a volta ao território

Estes são os dias de Ezequiel. Podemos ver as profecias de Ezequiel 36–39: aquelas que já aconteceram, aquelas que estão acontecendo neste tempo e aquelas que estão prestes a acontecer. A volta dos judeus para seu lar despertou esse tempo de alegria e tribulação.

Como vimos anteriormente, Israel estava deserta antes da volta dos judeus. A terra estava morta porque não estava nas mãos de seus donos legítimos. Os poucos árabes que estavam na erroneamente chamada Palestina, haviam permitido que a área se transformasse em pântano e deserto. Mas então os judeus começaram a voltar; com eles, veio a bênção do Senhor sobre a terra.

> Assim diz o Senhor Deus: No dia em que eu vos purificar de todas as vossas iniquidades, então, farei que sejam habitadas as cidades e sejam edificados os lugares desertos. Lavrar-se-á a terra deserta, em vez de estar desolada aos olhos de todos os que passam. Dir-se-á: Esta terra desolada ficou como o jardim do Éden; as cidades desertas, desoladas e em ruínas estão fortificadas e habitadas. Então, as nações que tiverem restado ao redor de vós saberão que eu, o Senhor, reedifiquei as cidades destruídas e replantei o que estava abandonado. Eu, o Senhor, o disse e o farei. Assim diz o Senhor Deus: Ainda nisto permitirei que seja eu solicitado pela casa de Israel: que lhe multiplique eu os homens como um rebanho. Como um rebanho de santos, o rebanho de Jerusalém nas suas festas fixas, assim as

> cidades desertas se encherão de rebanhos de homens; e saberão que eu sou o Senhor.
>
> Ezequiel 36:33-38

A volta dos judeus a Israel não foi um resultado da Organização Sionista Mundial, da Emenda Balfour, do término do Mandato Britânico ou do reconhecimento do Estado israelense pelo Presidente Truman. Foi a mão do Senhor. Deus prometeu, e Ele cumpriu sua promessa – simplesmente isso. Quando Deus levou os judeus de volta, Ele não os abandonou para sofrer com a malária ou cozinhar no deserto. Sua promessa foi que "Esta terra desolada ficou como o jardim do Éden".

Não muito tempo atrás, eu liderei um tour agrícola para uma família indonésia muito rica. Eles foram aprender o que fazia Israel prosperar da maneira que prospera. Em Israel, temos pés de tomate que frutificam dez vezes mais do que pés de tomate comuns. A ONU, em um raro momento de positividade, reconheceu que existem mais espécies de frutas e vegetais em Israel do que em qualquer outro país.

Israel é do tamanho de Nova Jersey, mas contém cinco zonas climáticas diferentes. Essas qualidades não surgiram quando Israel declarou independência em 1948; elas sempre estiveram lá. Mas antes da declaração do estado de Israel, não havia sinais delas, nenhuma utilização cuidadosa desse maravilhoso presente. Isso porque os donos legítimos não estavam lá. Agora, até mesmo o deserto está florescendo em Israel.

Novamente, não é obra do homem; é tudo obra das mãos de Deus. Ele faz isso para mostrar quem Ele é: "Como um rebanho de santos, o rebanho de Jerusalém nas suas festas fixas, assim as cidades desertas se encherão de rebanhos de homens; e saberão que eu sou o Senhor" (Ezequiel 36:38). A volta dos judeus para o território ocorreu sem qualquer ajuda internacional oficial. Nem mesmo a América ajudou nessa repatriação divina. Deus disse que Ele faria isso para que todos soubessem que *Ele* realizou.

Até mesmo a eliminação de ameaças regionais foi feita sem ajuda internacional oficial. Deixe-me dar dois exemplos. Em 1981, os franceses estavam prestes a vender para os iraquianos plutônio o bastante para uma bomba. Por que eles pensaram que essa seria uma boa ideia, eu jamais saberei. Os iraquianos tinham um reator nuclear que estava prestes a ficar "quente", ou seja, apto a refinar materiais nucleares. Enquanto o mundo se esquivava, Israel não esperou. Nós enviamos um esquadrão de F-16 em uma missão que ficou conhecida como Operação Ópera, e o reator nuclear deixou de existir.[3]

Uma observação rápida sobre esses F-16. Eles haviam sido comprados recentemente dos Estados Unidos. Originalmente, eles deveriam ir para o governo de Shah no Irã. Então, Shah caiu e Khomeini se levantou. Os Estados Unidos com certeza não iriam mandá-los para o novo governo iraniano, então eles ficaram com um bando de F-16 indesejados. Israel se intrometeu e disse: "Lamento por vocês estarem presos com todas essas aeronaves. O que acham de tirarmos elas das suas mãos?". Nós negociamos e compramos as aeronaves pela metade do preço.[4] O que acham dessa negociação feita por judeus?

Imagine se Saddam Hussein tivesse armas nucleares quando os EUA libertaram o Kuwait em 1991. Imagine se o Isis as tivesse agora. No entanto, em vez de agradecer a Israel, o mundo – incluindo os Estados Unidos – se enfureceu contra nós.[5] Sanções foram impostas; durante muitos meses, a América se recusou a vender peças para os F-16. Somente anos depois Israel recebeu um agradecimento por ter corrido aquele risco.[6]

O segundo incidente aconteceu em 2007. Israel havia acabado de lançar o satélite Amós, nomeado assim por causa do profeta do Antigo Testamento. Nesse satélite, estava uma câmera muito sofisticada com lentes com tecnologia de ponta. Enquanto escaneávamos a região, descobrimos um edifício no deserto da Síria. Muitos caminhões foram vistos se movendo do porto até aquela localização – muita atividade para um edifício no meio do nada.

Quando perguntamos do que se tratava, nos disseram que era uma fazenda agrícola.

Então, decidimos enviar alguns de nossos próprios "fazendeiros". Eles chegaram em helicópteros durante a noite. Nossos "fazendeiros" testaram o solo ao redor do prédio, e encontraram urânio – que não é um fertilizante agrícola comum, nem mesmo no Oriente Médio. Antes de fazermos qualquer coisa, queríamos mais confirmações. Quando o líder do programa nuclear sírio visitou a Europa, nós visitamos o seu quarto de hotel. É incrível a quantidade de dados que podem ser extraídos de um laptop para dentro de uma memória portátil. A informação confirmou as nossas suspeitas. Pedimos ajuda aos Estados Unidos e eles disseram não. Então, agimos por conta própria e destruímos o reator nuclear que eles estavam construindo.[7]

Novamente, você consegue imaginar a Síria de Bashar al-Assad com um reator nuclear? Você consegue visualizar o que o Oriente Médio seria hoje se a Síria tivesse adquirido uma arma nuclear? Deus prometeu que Ele levaria o Seu povo de volta para a terra; Ele é Aquele que realizou isso para glória de Seu nome.

Ezequiel 37: a restauração do povo

Um dia, o profeta Ezequiel se viu transportado pelo Espírito Santo para um vale. Ao olhar ao seu redor, ele descobriu que estava cheio de ossos. Deus perguntou: "Esses ossos podem viver?". Percebendo a pergunta capciosa, Ezequiel sabiamente respondeu: "Ó, Senhor Deus, tu sabes". Então, Deus disse a Ezequiel para profetizar pele, fôlego e vida sobre aquele campo de ossos. Ezequiel assim o fez e um barulho começou. Os ossos começaram a se encaixar. O osso do quadril se conectou ao osso da coxa. O osso da coxa se conectou ao do joelho. Depois que aquele enorme quebra-cabeça foi completado, tendões, músculos e carne se formaram, até que todo o vale ficou cheio com uma multidão de corpos sem vida.

Deus disse: "Então, ele me disse: Profetiza ao espírito, profetiza, ó filho do homem, e dize-lhe: Assim diz o Senhor Deus: Vem dos quatro ventos, ó espírito, e assopra sobre estes mortos, para que vivam" (Ezequiel 37:9). Ezequiel assim o fez, e a vida entrou nos corpos sem vida. Eles ficaram em pé e formaram "um exército sobremodo numeroso". Então, Deus fez uma maravilhosa promessa:

> Então, me disse: Filho do homem, estes ossos são toda a casa de Israel. Eis que dizem: Os nossos ossos se secaram, e pereceu a nossa esperança; estamos de todo exterminados. Portanto, profetiza e dize-lhes: Assim diz o Senhor Deus: Eis que abrirei a vossa sepultura, e vos farei sair dela, ó povo meu, e vos trarei à terra de Israel. Sabereis que eu sou o Senhor, quando eu abrir a vossa sepultura e vos fizer sair dela, ó povo meu. Porei em vós o meu Espírito, e vivereis, e vos estabelecerei na vossa própria terra. Então, sabereis que eu, o Senhor, disse isto e o fiz, diz o Senhor.
> Ezequiel 37:11-14

"Estes ossos são toda a casa de Israel", o Senhor disse. Esses ossos restaurados são o povo escolhido por Deus. Quando as forças aliadas estavam esvaziando os campos de concentração da Segunda Guerra Mundial, o que eles encontraram? As pessoas estavam só em pele e ossos, mal tinham vida. "Nossos ossos estão secos, nossa esperança está perdida", eles disseram. Ao olhar nos olhos desses sobreviventes, não havia esperança. Eles estavam sem futuro.

Mas havia esperança e futuro porque Deus jamais esquece de Suas promessas. O Senhor disse que abriria seus túmulos; Ele os levaria de volta para sua terra. Ele colocaria Seu Espírito neles e os levaria de volta para sua terra. Por quê? Para que eles soubessem que Ele é o Senhor.

Nosso Deus é um Deus cujo sim é sempre sim, e cujo não é sempre não. Deus mantém a Sua promessa, mesmo se isso acontecer pelo caminho mais longo. Mesmo que isso signifique, por exemplo, que um barco cheio de sobreviventes do Holocausto seja desviado da Terra Prometida pelos britânicos e forçado a se dirigir a um campo de refugiados em Chipre, antes de ser finalmente emigrado. Em 1984, os judeus etíopes estavam passando fome no Sudão. Um voo emergencial, chamado de Operação Moisés, teve início. No total, oito mil homens, mulheres e crianças foram resgatados para Israel.[8] Sete anos depois, foi lançada a Operação Salomão, que levou mais 14.500 judeus etíopes para a terra prometida em menos de trinta e seis horas.[9]

O Senhor disse: "Eu os trarei de volta". Ele continua a fazer isso.

Eu sou um fruto dessa volta. Eu sou judeu da tribo de Judá. Certa vez, quando eu estava na ilha de Cebu, nas Filipinas, um grupo de moças parecia estar me olhando. Eu fiquei lisonjeado até perceber que elas só queriam saber como era a aparência de um verdadeiro judeu. Então, quando eu disse que era da tribo de Judá, elas pararam de ouvir o que eu estava dizendo, e voltaram a me observar. Não era apenas um judeu, mas um judeu de Judá! Contra todas as probabilidades, Deus preservou seu povo e o trouxe de volta para sua terra.

Ezequiel 37 foi cumprido. Da preparação da terra até o estabelecimento do estado, do resgate dos remanescentes do terror do Holocausto, ao retorno daqueles na diáspora nos últimos 60 a 70 anos, temos visto mais profecias cumpridas nesta geração do que em qualquer outro período desde os tempos de Jesus. Israel existe, e está a salvo, seguro e próspero. Em minha cidade, posso deixar meu filho sair para brincar sem medo de sequestro. Não posso fazer isso na América. Sim, nós ainda corremos o risco de extermínio pelas nações ao nosso redor, mas nós somos fortes. E, agora, quando alguém ataca, estamos em posição de fazer algo a respeito.

12

DIAS DE EZEQUIEL 38-39: O QUE É E O QUE SERÁ

Posso dizer a você com certeza que o Sol nascerá amanhã. Posso dizer a você com certeza que se eu derrubar um tijolo no meu pé descalço, duas coisas acontecerão: o tijolo vai cair, e eu vou sentir dor. Posso dizer a você com certeza que milhares de palestinos passaram um tempo hoje discutindo a melhor forma de destruir Israel. Há certa quantidade de assuntos sobre os quais podemos dizer que temos 100% de certeza, e falar: "Isso com certeza acontecerá dessa maneira".

Relacionar a profecia bíblica aos tempos modernos não é um desses assuntos. Não vou fazer alegações definitivas neste livro e declarar que não existem outras opções. Isso porque eu não sou um profeta; eu sou um estudante da Palavra de Deus. O que eu relato neste capítulo é o que discerni como alguém que passou anos estudando a Bíblia, orando as Escrituras e buscando a verdade que o Senhor quer que conheçamos sobre quem Ele é o que Ele planejou para a última hora. Deus também me deu uma perspectiva única como um judeu vivendo em Israel com a minha casa à beira do Vale do Armagedom.

Alguns podem dizer que estou "jogando seguro" – preparando uma saída para o caso de eu ter escrito algo que esteja errado.

Absolutamente não. Se você ler um livro em que o autor alega estar 100% certo sobre sua visão acerca do fim dos tempos, então ele está 100% errado em sua visão acerca de si mesmo. Dito isso, permita-me dizer que eu realmente acredito que estamos vivendo os dias de Ezequiel 38.

Segurança e isolamento de Israel

Existem dois lugares que precisam chamar a nossa atenção atualmente – Israel e Damasco. Nesses locais, veremos os próximos gatilhos sendo puxados. Podemos ver o isolamento de Israel crescendo. O terrível acordo do Irã deixou Israel sozinho. A ONU está constantemente atacando Israel e culpando-o por várias atrocidades. O antissemitismo está crescendo em todo o mundo. Judeus estão sendo atacados em sinagogas, em lojas, em casa, nas ruas, enquanto visitam túmulos e em bar mitzvah. Você já ouviu falar sobre esses incidentes? Claro que não. Mas se um menino palestino é ferido ou morto, vira manchete.

Em julho de 2014, a *Newsweek* publicou um artigo de Adam Lebor chamado: "Êxodo: Por que os judeus da Europa estão fugindo novamente". Nele, Lebor registra conflitos antijudaicos em muitos lugares do continente. Em um incidente em 2014, 400 manifestantes em Sarcelles, no subúrbio do norte de Paris, "atacaram uma sinagoga e comércios pertencentes a judeus... gritando: 'morte aos judeus'." Em Malmo, Suécia, a violência contra os judeus "triplicou entre 2010 e 2012", incluído um bombardeio em um centro comunitário judaico. Em outro ataque particularmente terrível em Toulouse, França, em 2012, um atirador entrou em uma escola judaica e matou sete pessoas, "incluindo uma professora e três crianças".[1] Não é de se espantar que tantos judeus estejam se juntando ao *aliyah* e voltando para Israel.

Para os eventos de Ezequiel 38 acontecerem, o mundo precisa estar ou apático ou hostil em relação à nação de Israel. Atualmente ambos os aspectos desta descrição se aplicam.

Também precisamos prestar atenção em Damasco, Síria. Como discutiremos mais para frente, Damasco será um provável catalisador para o resto dos acontecimentos de Ezequiel 38. Não é difícil imaginar que a mesma coisa que aconteceu à cidade de Alepo pode acontecer a Damasco. A guerra se moverá para Damasco, pois um grande armazenamento de armas químicas está escondido sob a cidade. Na luta por esses armamentos, a cidade será devastada.

A batalha começa

O Senhor nos diz que, quando Israel se sentir seguro e a salvo, outros virão tirar o que Israel tem:

> Assim diz o Senhor Deus: Naquele dia, terás imaginações no teu coração e conceberás mau desígnio; e dirás: Subirei contra a terra das aldeias sem muros, virei contra os que estão em repouso, que vivem seguros, que habitam, todos, sem muros e não têm ferrolhos nem portas;
> isso a fim de tomares o despojo, arrebatares a presa e levantares a mão contra as terras desertas que se acham habitadas e contra o povo que se congregou dentre as nações, o qual tem gado e bens e habita no meio da terra.
> Ezequiel 38:10-12

A nação de Israel é "o povo que se congregou" e que está habitando em segurança. Mas quem está vindo para atacar? Ezequiel explica os planos muito claramente.

O primeiro e principal jogador que precisamos identificar é Gogue, da terra de Magogue:

> Veio a mim a palavra do Senhor, dizendo: Filho do homem, volve o rosto contra Gogue, da terra de Magogue, príncipe de Rôs, de Meseque e Tubal; profetiza contra ele

e dize: Assim diz o Senhor Deus: Eis que eu sou contra ti, ó Gogue, príncipe de Rôs, de Meseque e Tubal.
Far-te-ei que te volvas, porei anzóis no teu queixo e te levarei a ti e todo o teu exército, cavalos e cavaleiros, todos vestidos de armamento completo, grande multidão, com pavês e escudo, empunhando todos a espada.

Ezequiel 38:1-4

Em árabe antigo, a Grande Muralha da China era chamada de muralha de Al Magog. Outros escritores antigos se referiam à muralha como *"Sud Yagog et Magog*, isso é, a muralha da lama, ou fortificação de Gogue e Magogue".[2] Por que a muralha da China foi construída? Para afastar os exércitos de Gogue e Magogue, que vinham de parte da área que agora compõe a Rússia. Ao longo da minha própria pesquisa bíblica, encontrei que existem muitos nomes para a Rússia – Magogue, Rôs, Meseque, Tubal – e para o seu líder – Gogue.

A Rússia sente falta dos dias em que foi um grande império, e Vladimir Putin quer se tornar o novo czar. A recuperação da antiga importância global do país, se não de sua antiga força econômica, tem sido notável. Putin tem um controle firme de sua nação e regiões vizinhas. Seu roubo da Crimeia e a invasão à Ucrânia foram recebidos com pouca resistência diplomática, porque não havia ninguém para enfrentá-lo. Agora ele está tomando decisões no Oriente Médio. Em dezembro de 2016, um cessar-fogo na Síria foi arranjado pela Rússia. No passado, tais pactos eram formalizados em Washington, D.C. Dessa vez, os EUA não foram nem convidados para as negociações. Atualmente, a inteligência israelense está encontrando mais russos do que árabes na Síria.

"Espere, Amir", vocês interrompem. "Você está dizendo que Vladimir Putin é Gogue?". Não, mas ele poderia ser. Ele se encaixa no molde, mas para atribuir o nome Gogue a alguém sem mais evidências seria apenas especulação.

A Rússia liderará o ataque contra Israel. O que Gogue, o líder da Rússia, pensa ser uma expressão de seu próprio grande poder, é realmente apenas um ato de sua subserviência ao Deus Todo-Poderoso: "Eis que eu sou contra ti, ó Gogue, príncipe de Rôs, de Meseque e Tubal. Far-te-ei que te volvas, porei anzóis no teu queixo e te levarei a ti e todo o teu exército, cavalos e cavaleiros, todos vestidos de armamento completo, grande multidão, com pavês e escudo, empunhando todos a espada" (Ezequiel 38:3-4). Deus conduzirá esse poderoso líder como um prisioneiro com um anzol no queixo. Mesmo quando parece que o mal está ganhando, Deus ainda está no controle.

O parceiro da Rússia nesse ataque será a Pérsia – o Irã nos dias modernos. O mundo ocidental sabe muito pouco sobre o Irã, e não faz ideia de como o Irã pensa. Em outras palavras, quando o Ocidente entender que eles não podem compreender o Irã, só assim começarão a entendê-lo.

O Acordo do Irã orquestrado pela administração de Barack Obama foi um exemplo perfeito. Os EUA entraram no acordo acreditando que havia uma boa chance de que o Irã honraria seu compromisso. O Irã não tinha essa intenção. Enquanto o Ocidente presumia que o Irã reteria suas armas nucleares por dez anos, o Irã estava pensando: "Como podemos pegá-las amanhã?". Em dez anos, alguém surgiria com outras razões pelas quais eles não deveriam ter armas nucleares. Enquanto isso, eles teriam uma janela de dez anos sem que o Ocidente os incomodasse. Como resultado do Acordo do Irã, foi permitido que eles continuassem com todas as suas instalações e cinco mil centrífugas – para que você acha que eles usarão tudo isso?

Mas as estruturas de monitoramento não foram colocadas no lugar? Sim, se você puder chamá-las assim. Se uma equipe de monitoramento solicitar a visita para uma instalação nuclear, pode levar vinte e quatro dias até que a equipe receba a liberação. O que você acha que os iranianos farão durante esse período? Talvez eles precisem de três semanas e meia para arrumar o lugar? Talvez eles queiram assegurar que todos os uniformes dos funcionários estejam limpos e passados a ferro? Ou talvez eles usem esse tempo para esconder qualquer evidência do que eles realmente estão fazendo?

Se uma equipe de monitoramento exige uma amostra de solo da área ao redor da instalação nuclear, quem você acha que a fornece? "Bem, Sr. Iraniano Nuclear, a amostra de solo que você forneceu tem uma alta taxa de nitritos similar ao que encontramos em vasos de plantas comuns. Você tem certeza de que ela veio da instalação nuclear e não de um pacote de terra comum?" Se uma equipe de monitoramento faz uma alegação contra algo que os iranianos tenham feito, leva meses até que seja julgada.

Enquanto isso, o Irã não precisou esperar que as sanções fossem retiradas. Isso foi imediato. E, como bônus, os Estados Unidos decidiram repassar bilhões de dólares (não os chame de pagamento de resgate) que o governo até admitiu que provavelmente seriam usados para o terrorismo. Então, o secretário de Estado John Kerry tentou nos acalmar. Em resposta à política comum do Irã de gritar "Morte à América", ele respondeu: "Acho que eles têm uma política de oposição a nós e uma grande inimizade, mas não tenho conhecimento específico de algum plano do Irã para realmente nos destruir".[3]

Eu acho que depende de qual é a definição de "morte" de uma pessoa.

Por que o Irã está tão determinado a adquirir uma arma nuclear? Eles querem a força e a vantagem de fazer parte do clube nuclear. Surpreendentemente, quem mais deveria temer essa empreitada perigosa não são os Estados Unidos e Israel, mas a Arábia Saudita. O Irã odeia o Ocidente e eles desprezam Israel – mas detestam os sauditas dez vezes mais. A razão para tudo isso se resume ao tipo de islã que eles seguem. Os sauditas são os guardiões do islamismo sunita, e os xiitas iranianos os detestam como apenas um fanático religioso pode detestar alguém que ele acredita ser um herege. Isso não significa que Israel esteja livre; significa apenas que a primeira bomba pode não ser lançada sobre nós.

As pessoas me perguntam quando Israel vai atacar as instalações nucleares iranianas. Eu não sei; não sou o primeiro-ministro. O que eu sei é que quando Israel atacar, o mundo pode nem ficar sabendo. Existem outras maneiras de destruir uma instalação nuclear do que bombardeá-la. Por que enviar um F-16 quando você pode enviar um vírus?

Em 2009, quando o programa nuclear do Irã estava começando a decolar, uma operação conjunta israelense-americana entregou um pen drive a um funcionário do departamento nuclear do país. Esse funcionário, que na verdade era um agente duplo iraniano, inseriu essa unidade de memória em seu computador, que carregou um vírus chamado Stuxnet no sistema. Este vírus disse às centrífugas para trabalharem cinco vezes mais rápido, enquanto informava ao controle principal que tudo estava bem. Não demorou muito para que as centrífugas queimassem.[4]

Em 2012, usando o disfarce de uma atualização de software da Microsoft, Israel e os Estados Unidos inseriram o vírus Flame no sistema de computador das instalações nucleares iranianas. Esse vírus nos permitiu ver o que estava nas telas dos computadores.[5] Conforme analisávamos, sempre que encontrávamos informações muito importantes, fazíamos bom uso do botão "deletar". Mas não paramos por aí. Às vezes, em vez de excluir essas informações importantes, mudávamos um pouco. Transformávamos algumas informações boas em informações ruins. Quando o Irã finalmente descobriu a invasão, eles não tinham ideia de quais informações eram precisas e quais haviam sido alteradas. Não se pode permitir que o Irã tenha uma arma nuclear, e Israel fará o que for necessário para garantir que isso não aconteça.

O Irã (Pérsia) se juntará à Rússia em um ataque contra Israel: "Persas e etíopes e Pute com eles, todos com escudo e capacete; Gômer e todas as suas tropas; a casa de Togarma, do lado do Norte, e todas as suas tropas, muitos povos contigo" (Ezequiel 38:5-6). Já vimos o Irã e a Rússia se unindo na Síria. Quando os Estados Unidos lançaram cinquenta e nove mísseis em um campo de aviação da Síria após um terrível ataque com produto químico, a Rússia e o Irã uniram-se à Síria para condenar a América. Se, no futuro, algo realmente acontecer a Damasco, esses dois aliados estarão juntos até o fim.

Por que a Rússia se importa com Israel? Tudo se resume ao gás. Eles realmente não se importam com o conflito palestino/israelense ou com ideologias religiosas. Vladimir Putin nunca foi particularmente conhecido por seu altruísmo ou fé. A Rússia quer ser o fornecedor número um de gás do mundo.

Israel conseguiu ficar fora do radar da Rússia por muitas décadas, mas algo mudou quatro ou cinco anos atrás. Israel descobriu trilhões de metros cúbicos de gás natural em sua costa mediterrânea. Isso nos fez deixar de ser basicamente um importador de energia para uma das principais empresas mundiais de energia. De repente, Putin estava fazendo uma visita oficial a Israel. Ele veio pedir ao primeiro-ministro Netanyahu uma parceria nesta enorme reserva de gás. Netanyahu disse a ele: "*Dasvidaniya*". Putin não é um homem que gosta de ouvir *não* e, quando tiver uma justificativa, voltará para tomar o que nos recusamos dá-lo.

Outra nação que Ezequiel menciona que se juntará ao ataque é Cuxe, também conhecida como Etiópia. A Etiópia de agora não é a mesma que a Etiópia de então. Na época de Ezequiel, Cuxe era a região agora conhecida como Sudão. Não é surpreendente ver o Sudão como parte desta aliança, considerando as relações que existem hoje. As mesmas afinidades ideológicas e relacionais são verdadeiras para Pute (Líbia).

O Irã e o Sudão são muito próximos. O Irã dá dinheiro ao Sudão, e o Sudão permite que o Irã orquestre o terrorismo por meio de seu país. Cinco vezes nos últimos quatro anos, Israel atingiu o Sudão. Cada uma delas foi por permitir que o Irã contrabandeasse armas através de seu país e para o Sinai e Gaza. O Irã construiu uma fábrica em Cartum, a capital, para fabricar foguetes de forma que não precisasse enviar seus próprios foguetes aos palestinos. Israel destruiu essa instalação também. Quando Israel precisa atacar, não nos sentamos e conversamos a respeito. Quando você precisa atirar, você atira. A conversa vem depois.

Não faz muito tempo, a inteligência israelense grampeou alguns telefones sudaneses importantes. Eles ouviram cientistas iranianos e norte-coreanos conversando; nenhum sudanês estava sequer na linha. Israel está no topo da lista de inimigos do Sudão e eles aproveitarão a chance de se juntar à aliança.

Outra nação que se unirá contra Israel é a Turquia. Em Ezequiel, *Gomer* e *Togarma* referem-se à Turquia. Embora Israel tivesse um grande aliado nesta região, a situação mudou muito com a eleição de Recep Tayyip Erdogan como presidente em 2014. Ele trouxe uma mentalidade islâmica muito mais radical para o governo. O número de mesquitas construídas nos últimos dois anos na Turquia é superior ao dos últimos 70 anos juntos. Embora ele esteja se comportando bem agora porque Israel está procurando construir um gasoduto pela Turquia até a Europa, ele aproveitará a chance de se juntar a qualquer aliança que ponha fim à entidade sionista/israelense.

Existem algumas outras nações que são mencionadas em Ezequiel 38:

> Sabá, e Dedã, e os mercadores de Társis, e todos os seus leõezinhos te dirão: Vens tu para tomar o despojo? Ajuntaste o teu bando para arrebatar a presa, para levar a prata e o ouro, para tomar o gado e as possessões, para saquear grande despojo?
>
> Ezequiel 38:13 (ARC)

Essas nações estão observando, criticando o ataque a Israel, mas não farão nada a respeito.

Sabá e Dedã referem-se à Arábia Saudita. Enquanto a maioria das nações está se distanciando de Israel, os sauditas estão na verdade se tornando mais amigáveis. Essa amizade não é oficial, mas é construída sobre a compreensão de uma ameaça mútua em um Irã nuclear. Os "mercadores de Társis" referem-se à Europa. Társis, conhecida por muitos como o destino para o qual Jonas procurou fugir, é a Espanha. Como demonstra a atual postura geral da ONU, a Europa é só conversa e nenhuma ação.

Muitas pessoas querem saber onde estão os Estados Unidos na Bíblia. Como esse grande poder se encaixa nos dias de Ezequiel? Acredito que vemos a América nesta passagem, identificada em algumas traduções como os "líderes de Társis". A palavra traduzida por "líderes" é, na verdade, o hebraico para "jovens leões".

A Europa é a guarda estabelecida, enquanto os americanos são os jovens leões que nasceram dos lombos do velho mundo. Infelizmente, os EUA se juntaram a seus ancestrais em irrelevância no Oriente Médio. Depois de orquestrar uma votação nas Nações Unidas contra Israel em 2016, condenando os assentamentos judeus, o Secretário de Estado John Kerry fez esta notável declaração: "Se a escolha for um Estado, Israel pode ser judeu ou democrático. Não pode ser as duas coisas".[6] A América essencialmente se separou de Israel. Eles vão bufar e bufar, mas não vão agir.

Nós, em Israel, temos esperança de um relacionamento melhor entre os EUA e Israel. Donald Trump disse algumas palavras muito encorajadoras. No entanto, a história e a natureza temporária das presidências dos EUA nos levam a manter uma atitude de esperar para ver, especialmente ao olharmos a longo prazo. Seja quem for que estiver ocupando a Casa Branca, se algum dia formos atacados, esperamos lutar nossas batalhas militares sozinhos.

Rússia, Irã, Turquia e Sudão estão prontos para atacar Israel. Eles estão apenas esperando o fósforo que acenderá o fogo. Eu não sou profeta; estou apenas olhando as Escrituras. Como mencionei antes, acredito que a destruição de Damasco será esse fósforo. A Síria é o elemento que reuniu todas essas nações. O estoque de armas químicas enterrado em Damasco será a mão que acende o fósforo.

Até recentemente, teria sido difícil imaginar esses países formando uma aliança. Os três agentes principais, Rússia, Irã e Turquia, não se suportavam. De repente, eles são todos amigos. A Rússia e a Turquia acabam de assinar um pacto para permitir que o petróleo flua da Rússia para a Europa através da Turquia. Esse petróleo costumava passar pela Ucrânia, mas agora os russos sentem que não podem confiar nessa rota. Então, a Turquia está com a faca e o queijo na mão, com Israel e Rússia querendo enviar gás através deles. É aqui que o confronto entre Israel e Rússia terá origem. A Rússia quer exclusividade, principalmente nos mercados europeus que Israel está procurando explorar. A Rússia precisa do dinheiro do gás; é a única coisa que sustenta sua economia decadente. Se Israel é uma ameaça a isso, então Israel deve ser eliminado. Ninguém jamais antecipou esse cenário; Ezequiel 38, entretanto, expôs esses eventos futuros.

Quando a batalha começar, ela dará início a uma guerra mundial. Três continentes serão representados pelos agressores. Embora não seja tão vasta em termos de população como outras guerras mundiais, será imensa em área. É interessante notar que a razão de grande parte da Segunda Guerra Mundial foi destruir os judeus no Holocausto. A Terceira Guerra Mundial será sobre a destruição de judeus em sua terra natal. Veja como Satanás está tentando muito eliminar os judeus!

Já mencionei várias vezes que acredito que Damasco será a faísca que desencadeará a explosão desta grande batalha contra Israel. O profeta Isaías nos alerta sobre a destruição total dessa cidade antes dos acontecimentos da última hora: "Sentença contra Damasco. Eis que Damasco deixará de ser cidade e será um montão de ruínas" (Isaías 17:1). Uma vista aérea de Damasco hoje revela uma cidade que está se deteriorando gradualmente com a guerra constante. Mas esta é uma grande cidade; sua destruição ainda não está completa. Isaías diz que se tornará "um monte de ruínas". Tudo o que precisamos fazer é olhar para Aleppo para ver a que tipo de devastação Isaías se refere. Quando a demolição de Damasco alcançar a de Aleppo, será o inferno na Terra.

13

O QUE VEM A SEGUIR?

Neste capítulo final, vamos responder às duas questões que tendem a permanecer na mente das pessoas quando elas abordam a última hora: "O que vem a seguir?" e "E então?". Em outras palavras, pelo que devo esperar e o que isso quer dizer para mim? Lidamos com essas duas questões de formas diferentes ao longo deste livro. Aqui, procurarei lhes dar uma visão geral da ordem dos próximos eventos. Minha oração é que você se lembre do tema com o qual iniciamos este livro: se você está bem com o Senhor, não precisa ter medo. Em vez de causar consternação, essas palavras devem dar a você uma profunda sensação de paz. Deus está no controle, e se Jesus é o seu Senhor e Salvador, então você está seguro nas mãos Dele.

Tanta confusão

Se você está buscando datas para o que está por vir, ficará extremamente desapontado. O que *podemos* saber é a ordem dos eventos. Tudo o que precisamos fazer é olhar para a Bíblia e tratá-la como a Palavra literal de Deus. Muitos cristãos ficam confusos sobre o que está por vir, porque pegam passagens aleatórias das Escrituras e as misturam até que, como dizem meus amigos nas

Filipinas, elas se tornam adubo de galinha (e cheiram a durião). A Bíblia foi escrita como um todo. Quando a interpretamos como um todo, ao invés de tratá-la como informações aleatórias, a linha do tempo começa a tomar forma.

Esta é parte da razão pela qual os discípulos eram tão ignorantes quando se tratava das duas vindas do Messias. Eles pensavam que esses eventos ocorreriam ao mesmo tempo: Jesus viria cavalgando para Jerusalém como Messias e Rei. Mas quando Jesus falou de Suas vindas, foi com o entendimento de que haveria dois cumprimentos: um que Ele realizou como Messias em Seu tempo na Terra, e outro quando Ele retornar como o Rei dos reis durante o tempo da angústia de Jacó (a Tribulação).

Porém não foi apenas Jesus quem falou das duas vindas de Cristo. O Antigo Testamento deixa claro que a primeira vinda do Messias envolveria Seu sofrimento, morte e ressurreição. Seu retorno resgataria Seu povo, Israel, após um período difícil de angústia e tribulação.

Curiosamente, o Talmud diz que a primeira vez que o Messias vier, Ele estará em um jumento, mas as pessoas não estarão prontas para Ele. Na segunda vez que Ele vier, estará em um cavalo e então o povo estará pronto para recebê-Lo. Quando Jesus entrou em Jerusalém montado no jumento, Ele não estava comemorando. Não houve exaltação. Ele entendeu que Seus filhos, que esperavam ansiosamente pelo Messias, haviam perdido o Messias no meio deles. Ele veio "para o que era seu, e os seus não o receberam" (João 1:11). Quando Ele voltar montado em um cavalo, todo o Seu povo O verá por quem Ele é.

> Vi o céu aberto, e eis um cavalo branco. O seu cavaleiro se chama Fiel e Verdadeiro e julga e peleja com justiça. Os seus olhos são chama de fogo; na sua cabeça, há muitos diademas; tem um nome escrito que ninguém conhece, senão ele mesmo. Está vestido com um manto tinto de sangue, e o seu nome se chama o Verbo de Deus; e seguiam-no os exércitos que há no céu, montando cavalos brancos, com

vestiduras de linho finíssimo, branco e puro. Sai da sua boca uma espada afiada, para com ela ferir as nações; e ele mesmo as regerá com cetro de ferro e, pessoalmente, pisa o lagar do vinho do furor da ira do Deus Todo-Poderoso. Tem no seu manto e na sua coxa um nome inscrito:
REI DOS REIS E SENHOR DOS SENHORES.

Apocalipse 19:11-16

Podemos culpar os discípulos por confundir as vindas do Messias? Não, eles não tinham a informação completa. Nós temos toda a informação, então não temos desculpas. Precisamos ter certeza que usaremos essas informações de maneira adequada, como um todo, porque se doutrinas principais da Bíblia como a primeira e a segunda vindas de Cristo foram mal compreendidas por aqueles que estavam perto Dele, nós com certeza podemos cair em uma interpretação errada e em confusão. Enquanto explico essas coisas, por favor, lembre-se de que não sou profeta; eu apenas estudo a Bíblia.

A linha do tempo

As profecias de Ezequiel 36 e a maior parte de Ezequiel 37 já se cumpriram. Em Ezequiel 36, Deus prometeu que restauraria a terra de Israel. Ele o fez. Desde o final do século XIX, quando os judeus começaram a se reassentar, até agora, a terra se transformou de um deserto árido e pantanoso em um país exuberante, próspero e rico. Por meio das bênçãos de Deus e do trabalho árduo do povo, Israel mais uma vez se tornou uma nação forte, autossustentável e independente.

Deus não apenas prometeu restaurar a terra, mas deu Sua palavra de que levaria Seu povo de volta. Em Ezequiel 37, Deus dá ao profeta uma visão de um vale de ossos secos renascendo e sendo rejuvenescido. Exatamente isso aconteceu quando os judeus que estavam espalhados pelo mundo começaram a voltar para a Terra Prometida. O Senhor usou até mesmo o horror do Holocausto para finalmente levar a comunidade internacional a concordar com uma pátria judaica em uma ilustração perfeita da maneira como Ele traz beleza a partir das cinzas.

Imediatamente, Satanás atacou. Lembre-se, antes que o diabo seja amarrado e lançado no abismo sem fundo, todo o Israel será salvo (ver Romanos 11:26). A última coisa que ele deseja é que o povo de Deus tenha uma nação unida com uma identidade unida. Portanto, assim que a independência foi declarada em 1948, todos os países de primeiro nível – aqueles que fazem fronteiras com Israel – lançaram toda a sua força militar contra o novo país. Sem surpresa, esse ataque se encaixa perfeitamente na profecia bíblica. O salmista Asafe escreve:

> Ó Deus, não te cales; não te emudeças, nem fiques inativo, ó Deus! Os teus inimigos se alvoroçam, e os que te odeiam levantam a cabeça. Tramam astutamente contra o teu povo e conspiram contra os teus protegidos. Dizem: Vinde, risquemo-los de entre as nações; e não haja mais memória do nome de Israel. Pois tramam concordemente e firmam aliança contra ti as tendas de Edom e os ismaelitas, Moabe e os hagarenos, Gebal, Amom e Amaleque, a Filístia como os habitantes de Tiro; também a Assíria se alia com eles, e se constituem braço forte aos filhos de Ló.
> Salmos 83:1-8

O Senhor respondeu a oração de Asafe, e Ele respondeu as orações dos israelenses em 1948. Não havia como o exército dessa nova nação derrotar tal coalizão de estados. Mas Deus podia, e Deus fez. Esta batalha pela independência não foi vencida pelo que aconteceu no campo de batalha, mas apesar disso.

Desde então, essas nações de primeiro nível têm sido derrotadas repetidamente sempre que enfrentam Israel: a Crise de Suez (1956), a Guerra dos Seis Dias (1967), a Guerra de Atrito (1967-1970), a Guerra do Yom Kippur (1973) e as Guerras do Líbano (1982; 2006). Junto com essas guerras, tem havido uma batalha constante com os palestinos nas Intifadas (1987-93; 2000-05) e os conflitos em Gaza (2008-09; 2012; 2014). Não houve muitos anos de paz para a nação de Israel, mas, em tudo, Deus cuidou de Seu povo.

Israel não apenas sobreviveu a esses ataques, mas alguns de seus inimigos de primeira linha se tornaram amigos. Um novo relacionamento começou com a Jordânia e o Egito, o que, novamente, se encaixa perfeitamente na profecia bíblica. Apocalipse 12 deixa implícito que o remanescente dos judeus fugirá para a Jordânia durante o tempo da Tribulação. Isaías fala sobre uma estrada entre Israel e o Egito. O Senhor levará o Egito ao arrependimento, e esta rodovia levará adoradores do único Deus verdadeiro do sul e do norte para Jerusalém.

> Naquele dia, haverá estrada do Egito até à Assíria, os assírios irão ao Egito, e os egípcios, à Assíria; e os egípcios adorarão com os assírios. Naquele dia, Israel será o terceiro com os egípcios e os assírios, uma bênção no meio da terra; porque o Senhor dos Exércitos os abençoará, dizendo: Bendito seja o Egito, meu povo, e a Assíria, obra de minhas mãos, e Israel, minha herança.
>
> Isaías 19:23-25

Agora que essas nações de primeiro nível foram derrotadas ou se tornaram amigas, é hora de as nações de segundo nível atacarem. Estas são as nações além das fronteiras de Israel – e este será o próximo grande evento na linha do tempo. Como vimos, o pavio está aceso em Damasco: "Sentença contra Damasco. Eis que Damasco deixará de ser cidade e será um montão de ruínas" (Isaías 17:1). Essa devastação ainda não aconteceu, mas está chegando. O fato de a Síria ter se tornado o centro da violência e da atenção mundial não é coincidência.

Os incêndios em Damasco serão uma luz que atrairá as nações. Alguns dos países que estiveram envolvidos no conflito na Síria olharão um pouco mais para o sul e colocarão seus olhos em Israel. Nós, israelenses, que durante os primeiros trinta anos de nossa existência não sabíamos se iríamos sobreviver até a próxima semana, estamos agora mais seguros e confortáveis do que nunca. Temos gás, petróleo e todos os tipos de armas. (Se eu contasse a você sobre elas, provavelmente teria que matá-lo.) Neste momento que se aproxima, Deus soará o apito para que essas nações, especialmente a Rússia, venham.

> Assim diz o Senhor Deus: Naquele dia, terás imaginações no teu coração e conceberás mau desígnio; e dirás: Subirei contra a terra das aldeias sem muros, virei contra os que estão em repouso, que vivem seguros, que habitam, todos, sem muros e não têm ferrolhos nem portas; isso a fim de tomares o despojo, arrebatares a presa e levantares a mão contra as terras desertas que se acham habitadas e contra o povo que se congregou dentre as nações, o qual tem gado e bens e habita no meio da terra.
>
> Ezequiel 38:10-12

Como Ezequiel prediz, essas nações virão para roubar e saquear. Até cinco anos atrás, Israel não tinha muito para ser roubado além de falafel e homus. Agora, temos petróleo e gás, e muito. A Rússia virá com a Turquia, Irã e Sudão. Mais uma vez, Deus lutará por Israel e a aliança russa será destruída em Israel – mas não antes de uma batalha terrível e muita carnificina. Em algum ponto durante esta batalha, as armas convencionais provavelmente serão abandonadas e as armas nucleares utilizadas. O fato de que eles enterrarão os últimos ossos durante sete meses e queimarão as armas por sete anos parece indicar que será necessário lidar com a radiação:

> Os habitantes das cidades de Israel sairão e queimarão, de todo, as armas, os escudos, os paveses, os arcos, as flechas, os bastões de mão e as lanças; farão fogo com tudo isto por sete anos. Não trarão lenha do campo, nem a cortarão dos bosques, mas com as armas acenderão fogo; saquearão aos

que os saquearam e despojarão aos que os despojaram, diz o Senhor Deus. Naquele dia, darei ali a Gogue um lugar de sepultura em Israel, o vale dos Viajantes, ao oriente do mar; espantar-se-ão os que por ele passarem. Nele, sepultarão a Gogue e a todas as suas forças e lhe chamarão o vale das Forças de Gogue. Durante sete meses, estará a casa de Israel a sepultá-los, para limpar a terra.

Ezequiel 39:9-12

Logo após essa batalha, o Anticristo surgirá da Europa prometendo paz. O mundo estará ansioso por esta mensagem depois do que terá acontecido em Israel. O Anticristo reunirá as nações do mundo. Então, na metade dos sete anos da Tribulação, ele mostrará sua verdadeira face. Este é o início das angústias de Jacó, quando a ira de Deus começará a ser derramada sobre o mundo. A Tribulação culminará com a reunião de exércitos no Armagedom e uma marcha para a guerra final que se concentrará em Jerusalém e no Anticristo. O Senhor terá a vitória e dará início ao Milênio.

Paz, mas não como o mundo dá

Se alguma dessas coisas parece amedrontadora para você, não deveria, a menos que você planeje continuar por perto para ver esses eventos. Quanto a mim, planejo estar muito longe quando a ira de Deus atingir a humanidade. Se você tem Jesus Cristo como seu Salvador e Senhor, então você terá sido arrebatado antes de tudo isso acontecer. Agora mesmo, o Espírito Santo está impedindo a ascensão do Anticristo: "E, agora, sabeis o que o detém, para que ele seja revelado somente em ocasião própria. Com efeito, o mistério da iniquidade já opera e aguarda somente que seja afastado aquele que agora o detém" (2 Tessalonicenses 2:6-7). Quando o Espírito Santo – o Restritor – for embora, a Igreja irá com Ele porque não pode haver uma Igreja sem o Espírito Santo. O plano de Deus não é apenas bíblico, é lógico. Por que ficamos tão confusos com as Escrituras? Deus não estava confuso quando as escreveu.

Enquanto o julgamento estiver ocorrendo na Terra, estaremos celebrando as bodas de Cristo com a Igreja, Sua Noiva. No final da Tribulação, quando Jesus realizar a Sua Segunda Vinda, voltaremos com Ele. Este evento vai inaugurar o reinado de mil anos de Cristo, terminando em uma derrota militar final para Satanás. O julgamento final do Senhor contra todos os espíritos e pessoas que rejeitaram a Ele será realizado, seguido pela criação de um novo céu e uma nova terra.

Aleluia, não estamos destinados à ira de Deus. Seremos levados quando tudo estiver prestes a começar; voltaremos quando estiver para terminar.

Hora de se preparar

Quando eu me casei com minha linda esposa, ela não acordou na manhã do nosso casamento, vasculhou o armário em busca de algo para vestir, deu uma rápida penteada no cabelo com os dedos e partiu para a cerimônia. Foram semanas – meses até – gastos na preparação para a cerimônia. Então, no dia do nosso casamento, ela dedicou horas se preparando para ser apresentada ao seu noivo. Sinto-me honrado e abençoado sempre que penso no esforço que ela fez apenas para que pudesse ter a melhor aparência para mim.

O casamento da Igreja com nosso Salvador virá em breve. Precisamos nos preparar agora mesmo.

> Então, ouvi uma como voz de numerosa multidão, como de muitas águas e como de fortes trovões, dizendo: Aleluia! Pois reina o Senhor, nosso Deus, o Todo-Poderoso. Alegremo-nos, exultemos e demos-lhe a glória, porque são chegadas as bodas do Cordeiro, cuja esposa a si mesma já se ataviou, pois lhe foi dado vestir-se de linho finíssimo,

> resplandecente e puro. Porque o linho finíssimo são os atos de justiça dos santos.
>
> Apocalipse 19:6-8

Este casamento é o culminar do grande plano de Deus para a redenção. O que começou em Gênesis termina em Apocalipse e, do começo ao fim, é tudo sobre Jesus. Deus criou a humanidade, a humanidade caiu, Deus prometeu um Salvador, o Salvador veio e morreu e ressuscitou para que a humanidade pudesse se reconciliar com Deus e passar a eternidade com Ele. O Salvador partiu para preparar um lugar para Sua Noiva, Ele chamará Sua Noiva para Si mesmo, o Salvador se casará com Sua Noiva e eles viverão felizes para sempre por toda a eternidade. É um final de livro de histórias na vida real.

Como podemos ver pelo mundo ao nosso redor, é muito possível que nosso tempo aqui na Terra seja curto. Portanto, é hora de começar a se preparar. Paulo escreve:

> E digo isto a vós outros que conheceis o tempo: já é hora de vos despertardes do sono; porque a nossa salvação está, agora, mais perto do que quando no princípio cremos. Vai alta a noite, e vem chegando o dia. Deixemos, pois, as obras das trevas e revistamo-nos das armas da luz. Andemos dignamente, como em pleno dia, não em orgias e bebedices, não em impudicícias e dissoluções, não em contendas e ciúmes; mas revesti-vos do Senhor Jesus Cristo e nada disponhais para a carne no tocante às suas concupiscências.
>
> Romanos 13:11-14

Agora é o momento de acordarmos de nosso sono espiritual. Muitos cristãos simplesmente passam pela vida, sem levar a sério sua salvação. Eles olham para a salvação apenas como uma bênção e não percebem que também é uma responsabilidade.

As igrejas também estão dormindo. Elas ficaram confortáveis. Os pastores pregam mensagens destinadas a agradar os ouvidos e receber muitas ofertas. Poucos pregam a profecia bíblica porque é confusa e desconfortável. E o fim dos tempos costuma ser apresentado como algo sensacionalista ou de ficção, nas raras ocasiões em que é discutido. Nossas igrejas, junto com aqueles que as frequentam, precisam ensinar e divulgar a verdade; não temos tempo para brincar. Como Paulo escreveu, nossa salvação desses corpos está próxima. A noite está quase acabando e nosso dia com Deus está prestes a começar.

Você está pronto? Você conhece a Jesus e Seu sofrimento, e o poder de Sua ressurreição? Você aceitou o presente gratuito de Sua salvação? Possuir a paz perfeita de Deus e a promessa de eternidade com Ele não nos custa nada – mas devemos estar dispostos a entregar tudo que temos e somos. Lemos na carta aos Efésios: "Porque pela graça sois salvos, mediante a fé; e isto não vem de vós; é dom de Deus; não de obras, para que ninguém se glorie" (Efésios 2:8–9). Não existe uma grande balança celestial que equilibre suas boas obras com suas más ações. Se você está tentando se provar para Deus ou conquistar sua salvação, pare. Isso não vai funcionar. Você nunca fará o suficiente para pagar por seus pecados. O maravilhoso é que você não precisa; o preço já foi pago. Pedro escreve: "Pois também Cristo morreu, uma única vez, pelos pecados, o justo pelos injustos, para conduzir-vos a Deus; morto, sim, na carne, mas vivificado no espírito" (1 Pedro 3:18).

A salvação está tão perto de você quanto o aceitar a Jesus como seu Salvador e Senhor. Decida-se a confiar somente Nele para perdoar seus pecados e reconciliá-lo com Deus. Faça Dele o seu Senhor – uma palavra que significa "Mestre". Seu compromisso, então, é fazer de Jesus o centro de sua vida e segui-Lo pelo resto de seus dias. Quando você faz isso, Ele não promete que a vida será só flores pelo resto de seu tempo na Terra. Na verdade, Ele promete o contrário. Os tempos difíceis virão. Mas Ele estará lá em todos eles, dando a você paz e alegria e envolvendo-o com um amor sem fim. Quando sua vida acabar – ou quando o tempo da Igreja nesta terra chegar ao fim – você estará com seu Deus por toda a eternidade.

Para aqueles que se comprometeram com a salvação, faço a mesma pergunta: Vocês estão prontos? Vocês estão seguindo a orientação do Espírito Santo todos os dias? Em Gálatas, lemos: "Se vivemos no Espírito, andemos também no Espírito" (Gálatas 5:25). O Espírito Santo nos deu uma nova vida e precisamos nos esforçar para seguir Sua liderança todos os dias. Isso significa buscar a Sua vontade todos os dias, comprometer-se cada dia com Ele e estar atento às oportunidades que Ele nos dá de compartilhar a verdade de Cristo e sermos parceiros Dele. Significa viver a vida da maneira que Deus nos chamou para viver – não nos velhos caminhos do pecado e da complacência, mas nos novos caminhos do Espírito (ver Gálatas 5:16-26).

Você está lendo sua Bíblia? Deus nos deu Sua Palavra por um motivo. Se sua Bíblia só é aberta aos domingos na igreja, você está perdendo um dos maiores dons que Ele lhe deu. Não tem como você estar preparado para compartilhar a verdade das Escrituras se você mesmo não as conhece. E tenha certeza, o tempo gasto na Palavra de Deus anula muito do medo e da dúvida contra os quais muitos cristãos lutam. O medo não é o direito de nascença de Seus filhos.

Você está orando diariamente? Sob a Antiga Aliança, o povo tinha que passar por sacerdotes para se comunicar com Deus. Mas agora todos os cristãos são sacerdotes; temos acesso direto ao Deus Criador: "Acheguemo-nos, portanto, confiadamente, junto ao trono da graça, a fim de recebermos misericórdia e acharmos graça para socorro em ocasião oportuna" (Hebreus 4:16). A ideia de se aproximar do trono de Deus teria surpreendido um israelita do Antigo Testamento. Para nós, porém, pode se tornar algo comum. Não sabemos o que é ficar sem poder orar. Não devemos perder de vista a maravilha que é podermos falar diretamente com nosso Deus, e saber que Ele realmente se preocupa com o que dizemos. Você está aproveitando a oportunidade de falar com Deus? Por meio da oração, você encontrará sua força para servir ao Senhor. Por meio da oração, você encontrará paz em meio às dificuldades da vida.

Você está cuidando dos negócios de seu Pai? Estamos aqui nesta terra em uma missão. Essa missão não é acumular riquezas, ver o mundo, viver com conforto ou ser feliz. Estamos aqui para servir a Deus. Não há nada de errado se, enquanto servimos ao Senhor, Ele nos abençoar com riqueza ou felicidade. Mas essas coisas são apenas o molho; elas não são a refeição. Paulo escreve: "Pois somos feitura dele, criados em Cristo Jesus para boas obras, as quais Deus de antemão preparou para que andássemos nelas" (Efésios 2:10). Deus tem uma lista de "boas obras" preparadas para cada um de nós realizar nesta vida, incluindo vidas que Ele deseja que toquemos, sacrifícios que Ele deseja que façamos, verdades que Ele deseja que falemos, bênçãos que Ele deseja que concedamos. Cada um de nós tem uma missão pessoal e única de Deus; é por isso que estamos aqui. Nos negócios, se uma pessoa se concentrar apenas nas vantagens e não no trabalho, será demitida. Vamos nos concentrar no trabalho que Deus nos deu, especialmente à medida que o tempo fica mais curto.

Você confia em Deus nos momentos bons e nos maus? À medida que o momento da volta de Cristo se aproxima, as coisas vão piorar para os cristãos antes de melhorar. Não importa o que aconteça em nossas vidas, se nossa fé traz perseguição ou simplesmente sofremos por viver em um mundo decaído, devemos manter nossos olhos em Deus. Ele nos guiará através das dificuldades e nos fará crescer nos tempos difíceis.

> E não somente isto, mas também nos gloriamos nas próprias tribulações, sabendo que a tribulação produz perseverança; e a perseverança, experiência; e a experiência, esperança. Ora, a esperança não confunde, porque o amor de Deus é derramado em nosso coração pelo Espírito Santo, que nos foi outorgado.
>
> Romanos 5:3-5

Todos nós iremos sofrer algumas vezes nesta vida; então, que escolhamos crescer em meio ao nosso sofrimento. Quando vemos o mundo enlouquecendo ao nosso redor, precisamos nos lembrar de que Deus tem um plano para nós que envolve bênção, e não ira.

Você está realmente permanecendo em Deus ao servi-Lo? Como mencionei antes, precisamos estar na Palavra de Deus. Mas também há um tempo de trabalhar. Depois que os israelitas derrotaram Jericó milagrosamente, eles seguiram para a cidade de Ai. Quando eles atacaram, os israelitas foram sumariamente derrotados. O exército fugiu de volta para o acampamento e a nação entrou em estado de pânico. O próprio Josué ficou pasmo. Ele foi até a Arca da Aliança e orou, buscando a sabedoria do Senhor sobre o que tinha acabado de acontecer. A resposta de Deus é tão maravilhosa quanto surpreendente: "Então, disse o Senhor a Josué: Levanta-te! Por que estás prostrado assim sobre o rosto? Israel pecou" (Josué 7:10-11). Onde mais Deus diz a alguém: "Ei, pare de orar e faça algo!"? Um homem chamado Acã havia roubado alguns dos belos itens de Jericó que deveriam ter sido queimados como uma oferta a Deus. Havia pecado no acampamento, e Josué não resolveria o problema ficando de joelhos. Eclesiastes 3 nos diz que há tempo para tudo. Há um tempo para ler nossas Bíblias e um tempo para orar. E também há o tempo de pôr em ação o que aprendemos na Palavra enquanto estamos de joelhos para o mundo. Cristãos, não devemos ficar tão isolados a ponto de nossa luz ficar escondida sob uma cesta e nos tornarmos irrelevantes para o mundo.

Finalmente, você está apoiando Israel? A promessa que Deus deu a Abraão de abençoar aqueles que o abençoam e amaldiçoar aqueles que o amaldiçoam é uma promessa eterna. Essa promessa não terminou com o exílio de Israel; não terminou com a Antiga Aliança ou com a dispersão dos judeus no primeiro século. No mínimo, a Igreja precisa orar diariamente por Israel. Os cristãos também devem procurar maneiras de dar passos mais concretos quanto a apoio, encorajando seus governos a apoiar Israel financeiramente ou escolhendo pessoalmente apoiar de forma financeira ministérios que alcancem especificamente o povo judeu. Deus vê, Ele sabe e prometeu que abençoará.

Shalom

Meu objetivo ao escrever esse livro não é provocar medo, mas trazer paz. O medo vem do desconhecido. A paz vem de entender o plano de Deus e ver que Ele tem tudo completamente sob controle. Oro para que, ao terminar este livro, um *aleluia* esteja em seus lábios.

Estamos na última hora. O relógio de contagem regressiva está se aproximando de zero. Enquanto o tempo passa para o mundo, os ponteiros do nosso relógio estão se movendo em outra direção. O apóstolo João escreve: "Aquele que tem o Filho tem a vida; aquele que não tem o Filho de Deus não tem a vida. Estas coisas vos escrevi, a fim de saberdes que tendes a vida eterna, a vós outros que credes no nome do Filho de Deus" (1 João 5:12-13). Se Jesus Cristo é o seu Senhor e Salvador, você tem vida eterna. *Tem* é um verbo no presente, o que significa que você a tem agora. A vida eterna não é algo pelo qual você fica esperando; não é algo que você receberá quando esta vida terminar. Sua vida eterna é uma realidade enquanto você lê estas palavras hoje. Não importa o que acontecerá nos dias que você ainda tem na Terra, você tem a certeza de uma vida eterna com Cristo.

Deixo vocês com as palavras de Jesus que abriram este livro:

> Deixo-vos a paz, a minha paz vos dou; não vo-la dou como a dá o mundo. Não se turbe o vosso coração, nem se atemorize. Ouvistes que eu vos disse: vou e volto para junto de vós. Se me amásseis, alegrar-vos-íeis de que eu vá para o Pai, pois o Pai é maior do que eu. Disse-vos agora, antes que aconteça, para que, quando acontecer, vós creiais.
>
> João 14:27-29

Notas

Capítulo 1: Olhando para trás antes de olhar adiante
1. Ed Hindson, *15 Future Events That Will Shake the World* (Eugene, Ore.: Harvest House, 2014), introdução da edição em formato kindle.

Capítulo 3: Compreendendo a profecia: duas em duas
1. Andrew Walker, "Why Use Negative Interest Rates?" BBC News, Fevereiro 15, 2016, http://www.bbc.com/news/business-32284393.

2. Thomas C. Frohlich, Alexander Kent & Sam Stebbins, "Seven Countries Near Bankruptcy," USA *Today*, Agosto 8, 2015, https://www.usatoday.com/story/money/business/2015/08/05/24-7-wall-st-countries-near-bankruptcy/31164239/.

Capítulo 5: Israel: ainda o povo escolhido de Deus
1. Centro de Teologia Reformada e Apologética, "Westminster Shorter Catechism with Proof Texts," CRTA, acessado em Janeiro 29, 2018, http://www.ref ormed.org/documents/wsc/index.html?_top=http%3A%2F%2Fwww.reformed.org%2Fdocuments%2FWSC.html.

2. Comissão para as Relações Religiosas com os Judeus, "'The Gifts and the Calling of God Are Irrevocable' (Rom 11:29): A

Reflection on Theological Questions Pertaining to Catholic-Jewish Relations on the Occasion of the 50th Anniversary of 'Nostra Aetate' (NO.4)," Libreria Editrice Vaticana (Vatican Publishing House), Dezembro 10, 2015, http://www.vatican.va/roman_curia/pontifical_councils/chrstuni/relations-jews-docs/rc_pc_chrstuni_doc_20151210_ebraismo-nostra-aetate_en.html.

Capítulo 6: O engano das nações

1. Ilan Evyatar, "Israel's Economy: Reasons to be Cheerful — and Some for Concern," Jerusalem Post, Abril 27, 2016, http://www.jpost.com/opinion/israels-economy-reasons-to-be-cheerful-and-some-for-concern-452550.

2. "Ancient Jewish History: The Bar-Kokhba Revolt (132–135 ce)," Jewish Virtual Library, acessado em Fevereiro 12, 2018, http://www.jewishvirtuallibrary.org/the-bar-kokhba-revolt-132-135-ce.

3. Mark Twain, *The Innocents Abroad* (Salt Lake City: Project Gutenberg, 2006), edição em formato kindle, capítulo 47.

4. Mitchel Bard, "Pre-State Israel: The Arabs in Palestine," Jewish Virtual Library, acessado em Fevereiro 12, 2018, www.jewishvirtuallibrary.org/the-arabs-in-palestine.

5. Bernard Gwertzman, artigo do *From Time Immemorial: The Origins of the Arab-Jewish Conflict over Palestine*, por Joan Peters, "Arabs against Jews," New York Times, Maio 12, 1984, www.nytimes.com/1984/05/12/books/books-of-the-times-arabs-against-jews.html.

6. Joan Peters, *From Time Immemorial: The Origins of the Arab-Jewish Conflict over Palestine* (New York: Harper & Row, 1984).

7. Zuheir Mohsen, citado em James Dorsey, "Wij zijn alleen Palestijn om politieke reden," *Trouw*, Março 31, 1977.

8. Bard, "Pre-State Israel: The Arabs in Palestine."

9. Fred J. Khouri, *The Arab-Israeli Dilemma* (Syracuse: Syracuse UP, 1986), 9.

10. Sharif Hussein, *Al-Qibla*, Março 23, 1918, citado em Samuel Katz, *Battleground: Fact and Fantasy in Palestine* (New York: Bantam Books, 1977), 128.

11. "Selected Quotes from Golda Meir," Golda Meir Center for Political Leadership, acessado em Fevereiro 19, 2018, http://msudenver.edu/golda/goldameir/goldaquotes/.

12. Alexander Zvielli & Calev Ben-David, "Abba Eban, Father of Israeli Diplomacy, Dies at 87," *Jerusalem Post*, Novembro 18, 2002, reproduzido por Facts of Israel, acessado em Fevereiro 19, 2018, http://www.factsofisrael.com/blog/archives/000491.html.

13. Donald Grey Barnhouse, *Genesis: A Devotional Exposition*, vols. 1 e 2 (Grand Rapids: Zondervan, 1973), citado em David Guzik, "Genesis 12 — God's Call of Abram; Abram in Egypt," Enduring Word Bible Commentary, acessado em Fevereiro 12, 2018, https://enduringword.com/commentary/genesis-12/.

Capítulo 7: Arrebatamento: o grande mistério

1. Charles Caldwell Ryrie, *Basic Theology: A Popular Systematic Guide to Understanding Biblical Truth* (Chicago: Moody, 1999), 462.

2. Ryan Jones, "Netanyahu to Hold Official Bible Studies," Israel Today, Dezembro 11, 2011, http://www.israeltoday.co.il/NewsItem/tabid/178/nid/23040/Default.aspx.

3. Robert Andrews, *Famous Lines: A Columbia Dictionary of Familiar Quotations* (New York: Columbia UP, 1997), 256.

Capítulo 8: Arrebatamento: o grande ajuntamento
1. Arnold G. Fruchtenbaum, *The Footsteps of Messiah*, edição revisada (Tustin, Calif.: Ariel Ministries, 2003), 151, citado em "14.7. The Church and the Book of Revelation Commentary — A Testimony of Jesus Christ," Bible Study Tools, acessado em Fevereiro 19, 2018, www.biblestudytools.com/commentaries/revelation/related-topics/the-church-and-the-book-of-revelation.html.

Capítulo 9: O Anticristo: o homem da iniquidade
1. United Nations Framework Convention on Climate Change, "A Summary of the Kyoto Protocol," United Nations, Novembro 29, 2007, http://unfccc.int/kyoto_protocol/background/items/2879.php. Ver também "Kyoto Protocol Fast Facts," CNN, Março 24, 2017, http://www.cnn.com/2013/07/26/world/kyoto-protocol-fast-facts/index.html.

2. Madison Park, "Obama: No Greater Threat to Future than Climate Change," CNN, Janeiro 21, 2015, http://www.cnn.com/2015/01/21/us/climate-change-us-obama/.

3. Pope Francis, "Encyclical Letter Laudato Si' of the Holy Father Francis on Care for Our Common Home," Libreria Editrice Vaticana (Vatican Publishing House), Maio 24, 2015, http://w2.vatican.va/content/francesco/en/encyclicals/documents/papa-francesco_20150524_enciclica-laudato-si.html.

4. Bradford Richardson, "Pope Francis Calls Climate Change a 'Sin,'" *Washington Times*, Setembro 1, 2016, http://www.washingtontimes.com/news/2016/sep/1/pope-francis-calls-climate-change-sin/.

Capítulo 10: O Anticristo: estendendo o tapete vermelho
1. "Real Politics, at Last?" *Economist*, Outubro 28, 2004, http://www.economist.com/node/3332056#print?Story_ID=3332056.

2. Bruno Waterfield, "EU Elections 2014: Why Planet EU Is Stranger than Fiction," *Telegraph*, Maio 13, 2014, http://www.telegraph.co.uk/news/worldnews/europe/eu/10823000/EU-elections-2014-Why-Planet-EU-is-stranger-than-fiction.html.

3. Council for Cultural Co-operation, "Europe: Many Tongues, One Voice," Conselho da Europa, 1992, Pinterest, Dezembro 3, 2016, www.pinterest.com/pin/375135843946147782.

4. Becket Adams, "Double-Take: EU 'Tolerance' Poster Includes the Cross, the Star of David, And. . . Wait, What Is That?" TheBlaze, Outubro 19, 2012, http://www.theblaze.com/news/2012/10/19/double-take-eu-tolerance-poster-includes-the-cross-the-star-of-david-and-wait-what-is-that.

5. Michael Wintle, *Europa and the Bull, Europe, and European Studies: Visual Images as Historical Source Material* (Amsterdam: Vossiuspers UvA, 2004), 22.

6. Editores da Encyclopædia Britannica, "Europa," Encyclopædia Britannica, Fevereiro 22, 2016, https://www.britannica.com/topic/Europa-Greek-mythology.

7. Tracy L. Schmidt, ed., *Standard Catalog of World Paper Money, General Issues, 1368–1960*, (Blue Ash, Ohio: F + W Media, Inc., 2016), 562.

8. "Europa Series of Euro Banknotes," European Central Bank, Fevereiro 19, 2018, http://www.ecb.europa.eu/euro/banknotes/europa/html/index.en.html.

9. John MacArthur, *The MacArthur Bible Commentary* (Nashville: Thomas Nelson Inc., 2005), 1997.

10. New World Encyclopedia, "Albert Speer," colaborador, New World Encyclopedia, Fevereiro 24, 2016, http://www.newworldencyclopedia.org/p/index.php?title=Albert_Speer&oldid=994184.

11. "The Mysterious World and History of the Knights Templar," Beyond Science, Julho 25, 2017, http://www.beyondsciencetv.com/2017/07/25/the-mysterious-world-and-history-of-the-knights-templar/.

12. Anne Gilmour-Bryson, *The Trial of the Templars in the Papal State and the Abruzzi* (Vatican City, Biblioteca Apostólica Vaticana, 1982), 15.

13. Nash Jenkins, "Hundreds Gather for Unveiling of Satanic Statue in Detroit," *Time*, Julho 27, 2015, time.com/3972713/detroit-satanic-statue-baphomet/.

14. Isabel Hernández, "Meet the Man Who Started the Illuminati," *National Geographic History*, Julho/Agosto 2016, https://www.nationalgeographic.com/archaeology-and-history/magazine/2016/07-08/profile-adam-weishaupt-illuminati-secret-society/.

15. Ibid.

16. Editores da of Encyclopædia Britannica, "Illuminati," Encyclopædia Britannica, Setembro 20, 2017, https://www.britannica.com/topic/illuminati-designation#ref1250318.

17. Ibid.

18. Ibid.

19. Editores da Encyclopædia Britannica, "Freemasonry," Encyclopædia Britannica, Julho 8, 2017, http://www.britannica.com/topic/order-of-Freemasons.

20. Juan Carlos Ocaña, "The Origins 1919–1939," The History of the European Union: The European Citizenship, February 12, 2018, http://www.historia siglo20.org/europe/anteceden.htm.

21. Juan Carlos Ocaña, "Chronology," The History of the European Union: The European Citizenship, Fevereiro 12, 2018, http://www.historiasiglo20.org/europe/cronologia.htm.

22. EUR-Lex, "Treaty Establishing the European Coal and Steel Community, ECSC Treaty," EUR-Lex: Access to European Union Law, Outubro 15, 2010, http://eur-lex.europa.eu/legal-content/EN/TXT/?uri=uriserv%3Axy0022.

23. EUR-Lex, "Treaty of Rome (EEC)," EUR-Lex: Access to European Union Law, Março 14, 2017, http://eur-lex.europa.eu/legal-content/EN/TXT/?uri=uriserv%3Axy0023.

24. Juan Carlos Ocaña, "The Single European Act and the Road toward the Treaty of the European Union (1986–1992)," The History of the European Union: The European Citizenship, Fevereiro 12, 2018, http://www.historiasiglo20.org/europe/acta.htm.

25. Juan Carlos Ocaña, "The Treaty of Maastricht (1992)," The History of the European Union: The European Citizenship, Fevereiro 12, 2018, http://www.historiasiglo20.org/europe/maastricht.htm.

26. Juan Carlos Ocaña, "The Treaty of Amsterdam (1997)," The History of the European Union: The European Citizenship, Fevereiro 12, 2018, http://www.historiasiglo20.org/europe/amsterdam.htm.

27. "The Lisbon Treaty: A Brief Guide," European Union External Action, Abril 22, 2010, https://eeas.europa.eu/sites/eeas/files/eu_lisbon_treaty_guide_22_04_2010.pdf.

28. Ben Chu, "Brexit to Result in a Sharp Slowdown in UK Economic Growth, OECD Predicts," *Independent*, Novembro 28, 2017, http://www.independent.co.uk/news/business/news/brexit-oecd-economic-forecast-paris-gdp-eu-european-union-a8079586.html.

Capítulo 11: Dias de Ezequiel 36–37: o que era e o que é
1. Peter Spence, "The World Is Defenceless against the Next Financial Crisis, Warns BIS," *Telegraph*, Junho 28, 2015, http://www.

telegraph.co.uk/finance/economics/11704051/The-world-is-defenseless-against-the-next-financial-crisis-warns-BIS.html.

2. Kathryn Schulz, "The Really Big One," *New Yorker*, Julho 20, 2015, http://www.newyorker.com/magazine/2015/07/20/the-really-big-one.

3. Dario Leone, "Operation Opera: How 8 Israeli F-16s Destroyed an Iraqi Nuclear Plant 33 Years Ago Today," Aviationist, Julho 7, 2014, https://theaviationist.com/2014/06/07/operation-opera-explained/.

4. Gili Cohen, "For Sale: 40 Israeli F-16 Fighter Jets with History," *Haaretz*, Dezembro 27, 2016, http://www.haaretz.com/israel-news/security-aviation/.pre mium.MAGAZINE-for-sale-40-israeli-f-16-fighter-jets-with-history-1.5478910.

5. UNSCR, "Resolution 487: Iraq-Israel," United Nations Security Council Resolutions, Junho 19, 1981, http://unscr.com/en/resolutions/487.

6. "Cheney to Israel: Thanks for Destroying Iraqi Reactor; Will U.S. Take 10 Years to Accept Israeli Stance on Peace?" Center for Security Policy, Outubro 30, 1991, http://www.centerforsecuritypolicy.org/1991/10/30/cheney-to-israel-thanks-for-destroying-iraqi-reactor-will-u-s-take-10-years-to-accept-israeli-stance-on-peace-2/.

7. David Makovsky, "The Silent Strike," *New Yorker*, Setembro 17, 2012, http://www.newyorker.com/magazine/2012/09/17/the-silent-strike.

8. "Operation Moses — Aliyah of Ethiopian Jewry (1984)," Ministry of Aliyah and Integration, acessado em Fevereiro 19, 2018, http://www.moia.gov.il/English/FeelingIsrael/AboutIsrael/Pages/mivtzaMoshe.aspx.

9. Joel Brinkley, "Ethiopian Jews and Israelis Exult as Airlift Is Completed," *New York Times*, Maio 26, 1991, http://www.

nytimes.com/1991/05/26/world/ethiopian-jews-and-israelis--exult-as-airlift-is-completed.html.

Capítulo 12: Dias de Ezequiel 38–39: o que é e o que será

1. Adam Lebor, "Exodus: Europe's Jews Are Fleeing Once Again," *Newsweek*, Julho 29, 2014, http://www.newsweek.com/2014/08/08/exodus-why-europes-jews-are-fleeing-once-again-261854.html.

2. Joseph Benson, "Ezekiel 38," *Commentary of the Old and New Testaments* (New York: T. Carlton & J. Porter, 1857), Bible Hub, acessado em Fevereiro 19, 2018, http://www.biblehub.com/commentaries/benson/ezekiel/38.htm.

3. Robin Wright, "'Death to America!' and the Iran Deal," *New Yorker*, Julho 30, 2015, http://www.newyorker.com/news/news-desk/death-to-america-and-the-iran-deal.

4. Michael B. Kelley, "The Stuxnet Virus at Iran's Nuclear Facility Was Planted by an Iranian Double Agent," *Business Insider*, Abril 13, 2012, http://www.business insider.com/stuxnet-virus-planted-by-iranian-double-agent-2012-4.

5. Ellen Nakashima, Greg Miller & Julie Tate, "U.S., Israel Developed Flame Computer Virus to Slow Iranian Nuclear Efforts, Officials Say," *Washington Post*, Junho 19, 2012, http://www.washingtonpost.com/world/national-security/us-israel-developed-computer-virus-to-slow-iranian-nuclear-efforts-officials-say/2012/06/19/gJQA6xBPoV_story.html?utm_term=.c0a25a55a7ba.

6. Michael Warren, "Kerry Scolds: In One-State Solution, 'Israel Can Either Be Jewish or Democratic. It Cannot Be Both,'" *Weekly Standard*, Dezembro 28, 2016, http://www.weeklystandard.com/michael-warren/kerry-scolds-in-one-state-solution--israel-can-either-be-jewish-or-democratic-it-cannot-be-both.

Amir Tsarfati

nasceu em Israel e viveu lá a maior parte de sua vida. Desde que cumpriu seu serviço obrigatório nas Forças Armadas de Israel, ele continuou como major na reserva. Amir é guia turístico em Israel nos últimos vinte anos, atuando como guia turístico da *Sar El Tours* (2004–2010) e CEO da *Sar El Tours and Conferences* (2010–2012). Em 2001, ele se tornou fundador e presidente da *Behold Israel* – uma organização sem fins lucrativos que fornece acesso mundial em tempo real a fontes confiáveis de notícias e informações sobre Israel, a partir do poderoso contexto da história e profecia bíblica. Amir é casado com Miriam, e eles têm quatro filhos, sendo que o mais velho iniciou seu serviço nas Forças Armadas de Israel. A casa de Amir tem vista para o vale de Megido, Armagedom, que é um lembrete constante do chamado que o Senhor colocou sobre ele para ensinar biblicamente os planos de Deus para o fim dos tempos.

Compartilhando propósitos e conectando pessoas
Visite nosso site e fique por dentro dos nossos lançamentos:
www.gruponovoseculo.com.br

Editora Ágape
@agape_editora
@editoraagape
editoraagape

gruponovoseculo.com.br

Edição: 1ª
Fonte: Arnhem